U0929607

常读·人物志

鄙视逃跑

◆ 李军奇　著

西南财经大学出版社

“常读”系列编委会

（名单以姓氏笔画为序）

你一定很少看书了，因为累；杂志也懒得看了，因为忙。

但你依然在看和读：早起的枕畔，浴室里面，午饭后的瞌睡间歇，临睡前的挣扎，你不时点开的手机屏幕上……

我们不能给你阅读的理由，但我们知道，有些内容可以让你的朋友圈更优雅。

我们不能拼接你碎片化的时间，但我们相信，有些阅读可以让你放慢脚步，哪怕只是假装。

序

只喜欢做自己热爱的

范以锦

曾为南方报业员工的“前南友”李军奇，嘱我为其新著《鄙视逃跑》作序，出于不寻常的交往和对他的文笔、灵气的赏识，我欣然答应。

我和军奇曾同在289大院出入，而且还在同一栋楼里，因军奇进入南方报业时我已从一线退下来，所以即便我们常在电梯里相遇，也如陌生人。然而，我手头上一直有《精英》杂志，作为该杂志老到写手和编者乃至管理者，他的名字如他的作品、杂志名称一样，对我来说并不陌生。我们首次见面是2013年10月。当时我以《精英》杂志“幕天讲坛”发起人的身份，在陕西乡村学校的操场上与孩子们分享自己少年时的梦想，检讨人生道路的选择。尔后，军奇给了我见面礼——做我的专访。他与同事和我聊了几回，还请知名摄影艺术家赵卫民为我拍了一组照片。《精英》封面展示了我拿着粉笔、执鞭新闻教育的形象，内页专访文章的题目是《范以锦：先生很幸福》。继而这篇名为《范以锦：一个人的新闻世界》的文章，收进了“常读·人物志”系列中由陆新之主编的《一个人与一群人》的集子里。文中讲到：“60岁后，没有‘白纸黑字’的提心吊胆，范以锦找到了自己的幸福，智趣双修，善良的天性与有趣的性情得以灿烂舒展。”这些访谈，都以优美、流畅的文字提升了我的幸福感，也拉近了我与军奇的距离。

听说军奇要出新著，作为同事加朋友，我自然感到高兴，也相信他一定出手不凡。打开电脑浏览军奇发来的书稿，果然如我所料。

军奇历时两年，足迹遍及北京、上海、云南，用体力深入挖掘，并用心血凝就《鄙视逃跑》。被描画的具有“叛骨”精气神儿的15名文化名流，是活跃在国内文化艺术领域一线的诗人、小说家、编辑家、评论家、导演和画家。全书的思路是：展示文学艺术领域具有个性的主流名家，如何在商业与个性之间，保持自己的独特性与独立性。他们一定是红火过，或正当红；他们不会讨好文化艺术市场，对自己有清醒认识，对市场有理性判断。尽管呈现出来的各人的个性会有不同，但作者认定了一条主线——“他们的关怀与担当精神，他们性情的犹疑与品性的善良”。融入“爱与愁”的作品举目可见，而《鄙视逃跑》的“爱与愁”将人物的个性置放在社会环境冲突中而被凸现出来。由于市场经济的发展，当代文化艺术也变得越来越市场化。寻找市场有积极的意义，没有市场的文化艺术自然也备受诟病。然而，文化艺术并非都能市场化，也并非人人都得卷进市场漩涡中。即便走市场也有多种方式，是随波逐流，还是坚守自己认定的价值；是遵循良好的道德规范，还是与之相悖。那些具有节操和骨气的人值得尊重，也需要有人去传播这种精神。军奇正是以其从事新闻工作多年形成的敏锐，细心去寻找最有节操和骨气的文化艺术家，在他笔下的这15位人物是颇具代表性的。比如，走商业片路线也能走得好的导演张杨，却不愿急功近利，宁愿少得利、多吃点苦，也要关注容易被人遗忘的角落，长年待在高原拍摄市场虽不明朗却很有价值的电影。艺术家尚扬，从军奇的笔下可以看得出其走艺术品市场卓有成效，但他从不盲目地接受市场的摆布，坚持按个人把握的艺术逻辑和直觉行事——“我不奢望成为最好，只希望比过去的我好。”还有，保持“莽汉派”的楞直和独立的李亚伟、痛恨“中国官场小说第一人”的标签的王跃文等人物个性都栩栩如生，跃然纸上。

军奇对人物的把握准确到位，并善于用神来之笔予以精彩的提炼。你看他对15人中的树才的介绍：“‘经历了一系列的苦，心已经侧向一边了。狂傲，离我很远了。’这个曾经颇有前途的前外交官，如今的诗人、翻译家，无意狂傲，亦不愿挨近狂傲之徒。他微笑着应对周遭千变的世事和万变的人心。”对吕德安则有这样的评价：“带着‘仙气’漫游——他是最‘生活’的一位诗人。有诗友，没有江湖；有山居，没有隐逸。如今他带着几分仙气，漫游中美，右手诗歌，左手绘画。‘绘画不是跨界，是扩充艺术范围，它在变相地延续我的写作状态。’”还有对钟国康的描述：“写字刀削斧劈，刻字飞石四溅。得意处，哇哇大叫，钟国康，这个曾闭关12年，敢和古今名家的书法一见高低的艺术‘疯子’，从不遮掩对他人的批评，亦不担心他人的非议。”

军奇的行文不时充满诗情画意。“谁对星空下的吟咏急不可待？谁在品诗品酒中歌舞不已？又是谁在湖边粗简的屋舍旁流连忘返？一群爱好诗书、喜欢沙漠越野的社会精英，和一群文化名流，组成大漠‘远征队’，从甘肃张掖直插内蒙古的巴丹吉林沙漠，共赴一个名为‘诗意之行——巴丹吉林沙漠星空夜’的户外之约。”这一描述打动人心，令人回味。军奇明白，高端的艺术必须以通俗的方式去感染人，才能吸引更多的受众。因此，《鄙视逃跑》主要是以故事、细节、情感来呈现15位艺术家的艺术人生，即便不太懂高端艺术的受众，也能读到有趣、有价值的故事。本书中的艺术人物坚持内心法则，不媚俗，不依附权力，却是心地善良之徒，做不到决绝，做不到一尘不染，给人留下耐人寻味的思考。

军奇的功力来自他不寻常的经历。1998年他大学毕业后，被当时火热的湖南电视台感召，放弃陕西最后一届毕业包分配的机会，去了湖南电视台工作。又因个人兴趣，旋即离开，进入纸媒。2001年，他担任《三秦都市报》编辑部副主任，编辑头版，是当时报社最年轻的部门副主任。2002年到2004年，他加入《华商报》，参与创办西北最大的门户网站——华商网，任新闻部主任。2006年到2011年，他和朋友一起创办一本DM杂志，任执行总编辑，参与火热的房地产文化营销。然而新闻梦想一直在他心中燃烧，2011年4月他受朋友召唤，到南方报业传媒集团下属的《名牌》杂志（《精英》杂志的前身），先后任策划总监、专题总监（负责杂志的封面报道）、采编中心主任、副总经理，主管过杂志新媒体。他尤其擅长新闻策划、财经特稿和人物报道，2012年获得南方报业年度记者称号。多姿多彩的经历是一笔丰厚的财富，对李军奇来说，终身受用。

如今，随着传媒的发展，军奇再次拾笔，从事自己熟悉的财经报道，不过战场不再是纸媒，他创办了新媒体“九问创始人”。

他转型能否成功？和他聊天，关于这个问题，你能感受到他的激情及坦然。是的，他不是一个视成功为必然追求的人，他只喜欢做自己热爱的。他笑着说，有此机会和尝试就够了。“细节饱满，叙述精当，语言凝练，结构讲究，可读性极强”——透过军奇这本书的特色，我们预祝他能顺利转型。他进入到另一个平台依然离不开内容，长期积累的做优质内容的经验，使他在转型中有足够的底气。军奇在延伸其原有的价值过程中，将收获特别的命运馈赠。

（作序者为暨南大学新闻与传播学院院长、教授、博士生导师，南方报业传媒集团前董事长）

目录

歌唱冲出1980年代

冷看世道人心

自在地冒险

恣意江湖

跋

歌唱冲出1980年代

李亚伟、吕德安、树才、莫非，这些成名于1980年代的诗人，经历青春的璀璨与狂放，希望与悲伤，即使一度沉寂，但爱诗之心，不曾低调。

在 20 世纪只狂放了两年的“莽汉”诗派，让李亚伟被贴上了莽汉的标签。昔日诗艺上习惯弑父的诗人代表，开始给青春让路，给他人让路。而他的诗风与人生，从此别开生面。

李亚伟：给青春让路

2014年9月的阳光下，嘉峪关城墙上，诗人潘洗尘昂首阔步，雷平阳面带微笑，赵野双手插袋，他们三人，一同从诗人李亚伟身旁走过。而李亚伟侧身屈膝，向前伸出左手，笑着向这些他心目中的“人物”让路。

这三张行为艺术的照片，被潘洗尘传上微信，继而在朋友圈疯传。

“醉生梦死之中，我的青春已经换马远行。”在20个世纪80年代以一首《中文系》火遍各大学中文系的诗人李亚伟，失踪诗坛十多年，裹挟“重炮”《河西走廊抒情》重返诗坛，“在嘉峪关，我看了一眼历史/在遥远的人间，幸福相当短暂——/伟大也很平常，但我仍然侧身站立/等着为伟大的人物让路。”

站在20世纪80年代的路口，李亚伟与他们的“莽汉”兄弟们，用酒、拳头和“丢三落四的诗篇”，让传统与秩序给自己让路。历经教师、书商和餐馆老板的职业流转，李亚伟多次站在嘉峪关上，有时在塞外的城墙上，有时在纸上。

风刮过这位昔日“硬汉”，在这个“具有人间烟火气的文明通道”上，他带着朋友们来了，“不再桀骜，诚心感受刮过祖先的风、生活过英雄的神秘大地”。

让开，“莽汉”来了

牛仔裤，精短头发，和善笑容，“来，喝嘛喝嘛”。酒桌上，如果你碰到这样一个温厚的中年男子，绝对想不到，30年前，他一头长发，穿着坦克兵衬衫和时髦的喇叭裤，逃课，认不出很多任课老师，动辄打架。那是解放思想的年月，李亚伟在青春的怂动下，在四川南充师范学院，鼻孔冲天，满身反骨——高考时他数学只考了3分。你再不服，他会低下头去，亮出脑门上短发茬之中几块疤痕，这都是当年他喝酒打架的生涯里留下的印迹。

当年，自觉读书比老师还多的李亚伟，和所有想出风头的年轻人一样，试图用肌肉与衣着，引人注目。大二时，李亚伟所在的学校办起了拳击队。“那会儿，有点全民体育热的劲儿，各种体育班都有，我们几个写诗的学生算是学校最调皮的，加入拳击队。”碰到人就要掰手腕，留三七开的长发，“花衬衫的领子要从外套里翻出来，最好还会弹点吉他”，事后李亚伟回想，在拳击队练习得不多，但在校外惹是生非的情况很多。

和李亚伟同县的诗人蔡利华多年后还记得李亚伟那场著名的群架。1983年初夏，“我出差路过李亚伟读书的学校时，他正和一群狐朋狗友一道，与社会上的杂皮打架”。作为比李亚伟大几岁的诗友，他被吓坏了。这是一场遍及三所大学、两家工厂、一条街道的大型群殴，三十多名大学生和四十多名社会流氓打成一团。“在当时，被关进公安派出所是被视为社会垃圾的。”那次群架后，有人被开除，李亚伟被记过。关于打架理由，是“另一个诗人朋友在校外和社会流氓结了‘梁子’，那会儿，整个社会都有‘文化大革命’遗风，武斗脱离了政治，就直接变成了流氓斗殴”，李亚伟诚恳地向笔者解释。

旷课、喝酒、滋事，成了描述李亚伟大学的最佳词汇。他嫌弃中文系的课堂太刻板。逃了课，大部分时间泡在图书馆里。他很早就读了西方的现代派，诸如艾略特、庞德。到大二结束，李亚伟算了算，总共读了一百多本世界名著。但这并不等同于期末能过关，每到考试前夕，还是得跟印刷厂的哥们儿喝喝酒搞好关系，好让他们把卷子偷出来。

“像所有写诗级别不高的人一样，见面就谈诗。”除了谈，还有手抄诗歌，抄自己的，也抄别人的，然后拉一些同伙做诗社。那会儿李亚伟和朋友胡钰组建“刹那”诗社，万夏成立了一个“彩虹”诗社，后来整合谈判，两边都不怎么服，不想用对方的名字。相持不下时，发现每个人手里有本诗歌硬面抄，本子的名字叫“金盾”。“金盾”诗社就这样诞生。

1983年，李亚伟毕业了。分配至重庆小镇丁家湾教高中语文。李亚伟的一位学生事隔多年眉飞色舞地向李亚伟的朋友冉云飞回忆："李老师披着一头长发，经常提着白酒瓶在丁家湾仅有的一条街上走，目中无人，边走边喝。"1984年1月，在小镇寂寥半年多的李亚伟接到尚在读大四的诗友万夏的信，邀他回学校玩。在一家酒馆，两人和当时在四川大学做诗社的胡冬商议扯起一张诗歌的大旗。"因为烦主流诗歌，就称他们为'妈妈的诗'，就是温柔的抒情、朦胧的爱，那我们就叫'男人的诗'。又觉得'男人的诗'太直白了，没有水平，所以就变成了'莽汉'。"

李亚伟不掠美，向笔者称"莽汉"的名字，是万夏和胡冬取的。发起人还有因打群架被大学开除在家的马松，加入者有二毛、梁乐、胡钰、蔡利华等人。

莽汉来了。假借热血和狂放，回到中学的单身教师宿舍，两三年里，李亚伟写下一百多首"莽汉"诗，其中包括《中文系》《苏东坡和他的朋友们》《硬汉》《给女朋友的一封信》等。最为知名的，当属《中文系》。他把4年的中文系生活浓缩进这首诗中，"中文系是一条撒满钓饵的大河/浅滩边，一个教授和一群讲师正在撒网"，成了大学生口诵的经典。

"内容基本写实，里面的人物都是我的同学们，部分中文系师生，当然，有绰号的尽量用的是绰号"，李亚伟告诉笔者，"说实话，写完这首诗，在修改誊抄完之后，我就感觉我可能写出了一个重要的文本，虽然那时我只有21岁，但隐约觉得自己在诗歌这种文体上写出了一个可能会流传一下子的作品。现在，我对这首诗持同样的评价：这首诗能够流传不是因为它不留余地地讽刺了我国大学教育，而是因为这首诗在当时以一种较完整的形式、一种全新的诗歌观念、一种和主流诗歌截然不同的语言方式，挑战了当时人们对诗歌的认识。”

酒风浩荡，诗风渐歇

“一直在各地路上，只进入了酒的状态，没进入其他状态。”2014年12月1日李亚伟向笔者发了微信，抱歉自己没有更好地回答笔者的提问。

李亚伟一方面给朋友抱怨喝酒“身体喝坏了，往往喝得第二天没精神，没劲，我现在尽量少喝酒”，一方面在微信上显摆，“坏人们都在喝夜酒，只有喝两杯睡，要不谁他妈睡得着啊”，“戒酒几天，憋不住，出门找酒去”。

冉云飞和李亚伟第一次相识，就见识了李亚伟的酒胆。1988年冬天，在《四川文学》工作的冉云飞回老家省亲，受到当地领导款待。其时，李亚伟正蜗居县城。冉云飞钦佩李亚伟的诗品，邀约李亚伟一起喝酒。“最后他们拗不过我的执著，将李亚伟喊来，然后我们推杯换盏，将酒桌上的酒一饮而尽。”散局后，还不过瘾，李亚伟将蔡利华等诗朋喊来一起去吃火锅。“记得亚伟喝得咯血，去漱口回来后接着喝，直到大家都喝不动，泥醉方休。”

冉云飞说，后来自己和李亚伟醉酒的次数多到数不过来，“但没有哪次喝酒是不尽兴的，可谓与他对莽汉诗派的诗歌主张一脉相承”。

李亚伟相信喝酒“是一种真正令人愉快的娱乐”。“在大学时我就喜欢上了喝酒，而且酒友发展极其迅速”，“大家经常一起东游西荡、写诗喝酒，很快就过上了诗酒风流的快活日子。我经常说，我们这些人是因为很多个共同目标才走到一起来的。”那时大家都很穷，“倒吊起来也打不出几个子儿”。想要喝酒时，会模仿阿尔巴尼亚电影《海岸风雷》里叛徒老大的台词：“他妈的，穷得连根上吊的绳子都买不起。”

毕业后，为了维系喝酒的“共同目标”，李亚伟在当教师之余，与诗友二毛一起开过火锅店。“只请了一个伙计，共有四张桌子，碗都是合伙的几个人从各自家里拿来几个凑的。火锅什么的，我们几个都下手亲自做。我做菜不太在行，所以更主要是打打杂什么的，比如买菜、切菜。”据传，店子的最后垮掉，与店老板的胡吃海喝脱不开干系。

喝酒，自然离不开下酒菜。吃喝得多了，李亚伟发现了门道，“不讲究下酒菜的朋友在我们的友谊中一直显得扑朔迷离，这样的哥们，我们不抛弃，但也不挽救，我们有时也会在酒局上不离不弃地发出亲人般的呼唤。”李亚伟在一篇文章中如此自我煽情：“在酒色攻心的青春岁月，我们别的谱摆不起，但我们拿稳了吃喝上要做自己的主人。”

酒色攻心，酒是常喝，而色大多“徒具狂狼之形”。李亚伟班上的女生，基本比他大。喜欢弹吉他、穿喇叭裤的时髦青年李亚伟终于在大四时追上了低他两级的一个中文系女生，开始了第一次恋爱。“但这位女生很正派，规定每星期六在学院党委办公室后面树林里约会大约一小时。”每次约会完，总有几个老光棍探出头来向李亚伟打听结果，问“今天怎么样”。“一直到毕业和我工作后书信提及分手，她还是正派的处女，我还是流里流气的童子。”李亚伟的回忆，如他的诗句，生猛而可读。

想要吃喝自己做主，最挠心的，还是开餐馆。1999年，在北京做书商赚得一点小钱的李亚伟回成都开了一个饭馆。“刚开张时，特别想要追求特色、个性，连碗盘、酒杯都是自己和朋友到成都郊区亲自烧制的。但由于规格不够标准化，最终没有坚持下来。因为如果碗盘大小不统一，端上来的菜量都不一样，特别是酒杯，顾客可能会更在意。”

现在火爆的成都宽窄巷子的香积厨，是李亚伟2008年创立的。一开馆，李亚伟要让成都的客人吃到元朝的口味。餐馆的菜品放弃“新派川菜”而着力挖掘元、明、清以来老派川菜的正宗口味。“开餐馆主要是因为我好吃，很多朋友都是自封的美食家。当时根本没有投资概念，压根也没有盈利目标、发展目标之类，就是觉得好玩。”

香积厨距离成都著名诗人翟永明的白夜酒吧不远，“翟永明老和我说，我们俩把成都朋友都服务了，我解决物质食粮，她解决精神食粮。”

莽汉们对吃喝都有兴趣。二毛自1986年与李亚伟“吃垮”了第一个饭馆后，“痴心”不改，后彻底弃文从商，在重庆、北京开设餐馆，成为当代新派川菜和江湖菜的领军人物。他不只动口，而且动手，舞刀弄勺多年。在李亚伟看来，“差不多算是成了精”。身为纪录片《舌尖上的中国》的美食顾问，二毛著有《民国吃家》《妈妈的柴火灶》等。

酒的愉悦是长久的，而“莽汉”诗派，没那么长寿。两岁的

“莽汉”诗派在1986年的诗歌大展上隆重推出后，就宣告解散。莽汉诗的可复制性太强，“普遍炮制出一种名词密集、节奏起伏的长句式诗歌”，彼此的诗都太相像了，只有作者自己可以看出差别，有评论家事后如此分析。

在河西走廊，与牛人神交

2014年9月10日，李亚伟受邀来到河西走廊的边城张掖市，参加在一场沙漠里的诵诗活动。河西走廊，在李亚伟心中，是他重返诗坛的重要起点。

在生意之余，李亚伟率性阅读了很多世界历史、考古类书籍和文献。他突然发现河西走廊是地球上最了不起的一条路，美妙而神秘。“那是时间正在淹没的历史人文画卷，比如，仅是唐诗，仅边塞诗就可以单独成为令人过瘾的旅行线路。”

李亚伟心动了。2005年，《河西走廊抒情》写了开篇4首。“后来因为别的事情耽误，这一耽误就到了2011年春。”他不甘心又变成断章残句。一次，他将写在几张纸片上的诗让野夫等朋友看，所有人看了都说喜欢。

写到15首时，越写越难，李亚伟突然明白：“再写下去，就属于强迫写作，属于强奸诗意。我一直认为，创作应该是愉悦的、生动的，强扭的瓜不甜嘛，强迫写作是犯了语言的重罪。”

于是，当年秋天，李亚伟放开了书桌前“正在夹紧的二郎腿”，去河西走廊上找找感觉。他觉得自己不是历史学家，是诗人，必须要喝酒骑骆驼看风景，“去和古代的天空、戈壁、牛人神交就行了”。

在李亚伟看来，“这首组诗将灭掉自己以前的诗歌文本，终结自己以前所有的创作手法，并且，在宽度和深度以及技术上将出现我未曾见过、未曾想象过的新的天地”。

2013年12月4日，《河西走廊抒情》为李亚伟斩获第一届鲁迅文化奖年度诗歌大奖。

自此，《河西走廊抒情》成为李亚伟诗歌朗诵会上的必诵诗篇。“……在唐朝，一个人将万卷书读破，将万里路走完/带着素娥、翠仙和小蛮来到了塞外/他在诗歌中出现、在爱情中出现，比在历史上出现更有种……”在9月的巴丹吉林沙漠的夜空下，李亚伟和潘洗尘、雷平阳、赵野、默默，这些20世纪80年代就纵横中国诗坛的诗歌“老炮”，纵酒诵诗。这也是李亚伟第一次在塞外，以此向河西走廊，向当年那些走过大漠的边塞诗人们致敬。

为牛人侧身让路

从书商的道路上撤离，转身写诗，写《河西走廊抒情》，最初的起意缘于一次云南的漫游。那次一帮书商朋友从北京飞至昆明，到大理、丽江，一直玩到香格里拉。云南的阳光格外烂漫，一趟玩下来，做书商专心赚钱的心就散了。在北京，有躲不开的酒局，认不完的生意伙伴，看不透的商业秘密。

当然，作家王燕生对李亚伟的诗才的欣赏，也触发了他内心的小骄傲。王燕生说："混一生就混几百万，虽然很厉害，但中国会赚钱的人太多了，你还是回去作诗吧。"

回到成都，李亚伟偶然想起怀揣计算器、手捻纸张的书商生活。"我国的出版是相当落后的，创新很难赚钱，模仿，现在叫山寨，是成功的真谛。"李亚伟向笔者坦承：真的没出什么好书，创新的要么出不来，要么不赚钱，赚钱的主要是成功学之类的玩意儿。

同为书商的朋友张小波当得知李亚伟决定离开北京的想法后，曾问他，你就一点正事都不想做了？李亚伟反驳："张哥，鱼有正事么？蛇有正事么？它们一辈子就那么游手好闲，又有谁指责它们。我现在只想做鱼蛇之流，彻底不务正业。"

如今的李亚伟，在餐馆生意走上顺路后，彻底"不务正业"。在成都，他好酒好菜伺候他昔日的莽汉兄弟、好酒的各色男女；在云南，他到香格里拉，跟默默看云晒太阳；到大理，与潘洗尘互考植物知识；到西双版纳，和马原斗茶聊天。

在有三十年友情的哥们儿二毛看来，"性格豁达、为人中肯"的李亚伟"非常有人缘"。他告诉笔者，他不只和李亚伟合开过火锅店，而且在1984年合写过一首长诗《改革进行曲》。后者是二毛至今怀念的、他与李亚伟合作过的最有默契的事情。

现在李亚伟也习书法，走的是狂放的路数，比起父亲那一手王羲之的铁画银钩，他觉得自己望尘莫及。云南鲁甸强震，他积极响应朋友雷平阳的号召，捐献出自己的书法作品。

对于写诗，李亚伟是有目标、有计划的。他给自己命题，一两年写一组长诗。"在尝试一种方式，把生活和诗歌分开来。"要么痛痛快快地玩，要么拿出整块的时间，一个月不想其他，一心一意写一个像样的作品。

“以前的莽汉们，如今都渐显老态，岁月无敌，它让所有的对手都俯首称臣。”好友冉云飞从《河西走廊抒情》中读出李亚伟的无可奈何的伤感。“如今，我从人生的酒劲儿中醒来/看见我所爱的女人，正排着队/去黄脸婆队伍里当兵。”

这个当年狂浪的“莽汉”，开始了谦让。他说他喜欢很多当代诗人的诗，“但我读得较全面的是马松、万夏和宋炜。你可能都不知道吧？如果有人认为我很强，我认为这几个比我强，读他们的诗一直是我最愉快最高级的享受之一，聚会喝酒时，我经常侧身站着，为这几个伟大的诗人让路。”

“莽汉”李亚伟，那一代在诗艺上弑父的诗人代表，开始给青春让路，学着给他人让路。“唉，花是用来开的，青春是用来浪费的/在嘉峪关上，我朝下看了一眼生活/伟大从来都很扯蛋/幸福也相当荒唐/但我也只能侧身站立，为性生活比我幸福的人让路。”

[对话] 我是喜欢远眺未来的人

以河西走廊探讨人类情感和生死秘密

笔者：《河西走廊抒情》是你这几年最下功夫的作品，为什么会写曾是丝绸之路重要通道的“河西走廊”？

李亚伟：一群古代的游人站在世界的东方，也即现在的远东，再往东，就是一望无际的太平洋了，他们只有转过身来，朝西，对，朝西去，才是他们可以远行的世界。他们只能往西去，他们要寻找财富、寻找物产、寻找部族的生存机会。

他们从大小兴安岭进入蒙古草原，往前可以去长安，经过长安，前面就是河西走廊。此时，他们可以往南，去富足锦绣的中原定居。如果继续往西，经沙漠可以翻上伊朗高原做生意，甚至，再经阿拉伯半岛进入北非沙漠，最后他们就可以抵达大西洋东岸。

这条路，沿途的民风各异、国家五彩纷呈——这个路线是地球上最大的一条连绵起伏的干旱带，是有文字记载以来人类部落最佳自助游路线。干旱带上生活着游牧民族，这些民族都天生具有远走天涯的基因。这条线路的两侧——东段的南边（印度、中国等）和西段的北边（欧洲诸国）均是农业社会（从天上看下去仿佛太极图），游牧民族可以选择远行游荡，追寻梦想、传播文明，也可以选择去两侧定居立国，发扬传统、创造文化。所以，这条干旱带是从远古到近代人类活动最繁忙的一条大通道，世界上各种文明都在这条干旱带上面传播，各族群的血缘都在这条通道上融合。

在游牧和农耕时代，河西走廊堪称这条线路上第一个重要的通道。对我们来说，它不仅是人类文明最重要的一个十字路口，还是世界族群血缘的最大秘密通道，一个已经谢幕了的舞台。

笔者：写这组诗前，你查阅了不少资料，有什么发现?

李亚伟：在充分准备资料的过程中你会有意外的发现或奇特的想象，比如：发祥于大兴安岭的鲜卑人，仅两晋南北朝时期，其内迁的部族慕容氏、乞伏氏、秃发氏、拓跋氏、宇文氏等就建立过十多个政权，这部分鲜卑人后来大部分融入了南面的汉族，没有内迁的则融入了西面后起的蒙古等族。而历史上的锡伯、须卜、师比、席百、犀毗、史伯等都应为鲜卑，西伯利亚应为鲜卑利亚，鲜卑人的地盘之意。还有好玩的，比如，哥伦布发现美洲时，美洲没有马，那就是说，鲜卑人之前，那些在远古跋涉去美洲的东亚人要么是在没有马的情况下从陆路去的，要么不是从陆路去的。

带着很多杂乱的知识和念头去河西走廊，对我来说，已经行了，这些知识一定不要准确、念头绝对不能清晰，否则会缩小想象范围，会影响写作宽度。

笔者：在《河西走廊抒情》里，你集中想表达什么样的内心肿胀？

李亚伟：读了很多世界历史、考古类书籍和文献，发现上面我说的这条大通道是地球上最了不起的一条路，河西走廊又是其中最美妙最神秘的一个环节——但是也因为我见识有限和外文所限，所以，只能用河西走廊这个神奇的点来探讨人类情感和生死秘密，抒发我作为个人对这些情感和秘密的感受，但我相信，这也是所有诗歌的终极任务。

笔者：《河西走廊抒情》倾注了你在诗歌创作上的什么抱负？

李亚伟：从大兴安岭到巴格达，从匈奴、鲜卑、柔然、蒙古、中原到高车、突厥、波斯、阿拉伯、拜占庭，河西走廊是其间的一个神秘通道，既是空间上的民族融合、整理的地理带，也是时间上的人类文化传播、演变的黑匣子。所以，这首诗的主题和内容必须庞大和复杂，时空维度应该相当深广。也因此难度极大，对我来说，是我创作生涯中翻越的最大的一座山。同时，我也知道，这首诗将灭掉自己以前的诗歌文本，终结自己以前所有的创作手法，并且，在宽度和深度以及技术上将出现我未曾见过、未曾想象过的新的天地。

“诗歌对人来说，不是基本需要”

笔者：有人说，这些年来，在主流话语里，对你的诗评价一直不太公正。你有过委屈吗?

李亚伟：这些年，我们都知道主流话语一直在作家协会等机构主办的文学刊物那里，我从一开始就不以这些刊物的标准写作。当然，我也有在少数几种刊物发表作品的情况，那也是因为，那几个刊物的编辑很优秀，他们能突破文学禁锢主动刊发我这样的人的作品。我个人从很早就不给文学杂志投稿，至今仍保持这个习惯。

笔者：好的和糟糕的汉语的分界线在哪里?

李亚伟：有自己的语言，并且形成了个人风格，那就是到了一定的语言层面了。个人性格和学养会影响一个人的风格，同样，写作上也是如此。也可以说，性格和学养是风格的基础，没有基础，有意为之也不能形成真风格，最多可能形成了这些年西方一些文化大师被引进中国所形成的那种翻译体风格，而没能顺当地说出自己的内在。这么说可能很多诗人、艺术家不相信，认为自己长期学习、模仿某种风格就能获得独特的文化形态。可是我会问：形成风格最终都是以你的一些标志性作品为参照，你敢说你的作品真的支撑住了你的风格吗？恐怕还是一些西方大师在里面帮你写了一些吧?

具体到诗歌，我认为，诗歌只有好诗和差诗两种，没有别的诗歌。我可以帮读者说出他喜欢某首诗歌的所以然来：被打动了，或者被这首诗的智慧征服了，这就是好诗，这就叫基本读懂了。除此之外的诗歌，包括读不懂的诗歌，读者暂时可以把它视为差劲的（当然，读者的水平会影响其判断），以免浪费时间或者被欺骗。

语言是诗人最基本的东西，也是区别好诗和差诗最基本的东西，语感都没有的诗人，技术意义上算不了诗人。语言的才华可以首先把大多数写诗的人划拉出去，打回原形——他们其实只是爱好者而已，并不具备创造好诗的能力，他们只是诗歌作者，并没有担负创作好诗的任务。那么，撇开这一块，在解决了语言问题之后，什么是好诗？简单一点说，从情感上能打动我们的就是好诗，从智慧上能激发我们的也是好诗，二者加起来就是很好的诗。如果从情感上没打动你，那就看看从智商上能不能有共鸣，也没有的话，那就不值一读。通常，一首诗读到五六行还没上述动静，你就应该否定它，进而可以否定掉这个诗人，等他下辈子写出好诗再读他。现在诗人太多，比唐朝宋朝的加起来还多，一个读者应该拨开云雾，迅速地找到好诗人，没必要去浪费时间。诗歌对人来说，不是基本需要，饿了，没吃的，食物差点也得吃，诗歌不读也不会觉得身体不适。诗歌也不是消费品，再穷的人，也可以欣赏优秀的诗歌，再富有的人也用不着读差诗消磨时光。

历史感、生命观、批判性是诗歌的核心

笔者：早期的《中文系》就显现你的锋芒，为什么写诗下手这么狠？

李亚伟：有的批评家认为我的诗歌浪漫，有的则认为我的诗歌“暴力和抒情”，这些，只能说是我的写作特点之一。我的早些时候的作品里这类特点比较明显，但，比如《中文系》这首诗，讽刺

的特点、玩世的特点就很明显。其实，我更相信我的诗歌里面的历史感、生命观、批判性是核心，它们有时和“锋芒毕露”的手段有关，有时没有关系。

笔者：写下《中文系》后，你预感它会红?

李亚伟：说实话，写完这首诗，在修改誊抄完之后，我就感觉我可能写出了一个重要的文本，虽然那时我只有21岁，但隐约觉得自己在诗歌这种文体上写出了一个可能会流传一下子的作品。现在，我对这首诗持同样的评价：这首诗能够流传不是因为它不留余地地讽刺了我国大学教育，而是因为这首诗在当时以一种较完整的形式、一种全新的诗歌观念、一种和主流诗歌截然不同的语言方式，挑战了当时人们对诗歌的认识。但是，直到十多年后，才开始有李震等少数诗歌批评家的评价出现，认为这种诗歌形式是五四新文化运动以来没出现过的，它让人疑惑：诗歌可以这么写？却又不得不承认：诗歌可以这么写。

其实，我写出《中文系》这类作品时，胡冬已写出了《我要乘一艘慢船去巴黎》、于坚也写出了《罗家生》《尚义街六号》等，我们当时都认为自己找到了一种新的诗歌形式，找到了非常新奇的诗歌语言，现在看来，那时的感觉和实验是成立的。也正是那时我们有如此良好的感觉，才使得我们那一批诗人具有非常强烈的创新热情。但这些作品肯定不能代表我们之后的创作，尤其是现在的创作水平。

笔者：你用《中文系》嘲讽中文系的教授，有没有中文系的教授找你“讨”说法?

李亚伟：我相信，我国的大学中文系到现在，其状况也不会进步到哪儿去，教育体制没变，这个事实一直在我们面前摆着。我没有碰见也不相信有什么大学中文系教授敢来找我讨说法，现在大学中文系里的教师聪明人很多，愚蠢无知的也不少，不管聪明的还是愚蠢的，他们在目前这个教育体制内混着，对我的作品心领神会并且无话可说。

笔者：如果你当中文系的老师，是不是也会成为会撒网的教授?

李亚伟：肯定不会。我一直认为做老师是很好的，可是，教育体制不会要我这样的老师，会有根本上的冲突。如果我能成为教授，说明我们的教育发生了很大的变革。

“专业诗人是个可笑的说法”

笔者：喝酒这么多年，你对酒是什么感情?

李亚伟：喝多了就怕，和吃坏肚子了怕吃喝一样。好了又想。和别的娱乐一样，喝酒对写作有负面的影响，比如耽误时间，但也有反哺。酒在中国和文学关联很紧，中国诗酒一体，诗酒文化很深。西方，酒是酒，诗是诗。作为丞相的曹操有诗句“慨当以慷，忧思难忘。何以解忧，唯有杜康”，可反映酒在中国，很早就被赋予了诗意，生活中的诗意。

笔者：对做生意，你雄心不大吧?

李亚伟：做生意也是一个很好的事业，中国古代把商人贬得很低，儒和道都是蔑视做生意的。其实我很尊重古代的生意人，尤其是平民中的生意人，他们在非常艰苦的环境中担负起了养家糊口的使命。他们热爱生活，有责任感，视勤劳辛苦为本分。我在北京做过十几年的生意，觉得做生意也是一个好职业，忙碌、充实，喜怒哀乐随时都有，人间气息、生活味道很足，但后来，我认识到，我并不擅长做生意，每个人各有性格，尤其是各有其生活道路，有些东西是天定的。

笔者：在你自己身上，你有什么嫌弃的东西吗？

李亚伟：真没有什么好嫌弃的。我觉得存在于我们身上或生活中的，必然有其存在的理由，不尽如人意的地方可能还会不少。但是不要着急，不要立马做出批评，有些未必是坏事，同样，有些未必是优点，要同意它存在的理由。

笔者：你现在是餐馆老板，写诗对你而言，是奢侈的爱好？

李亚伟：餐馆是因为爱好，因为喜欢喝酒的氛围，我的很多朋友都是吃喝人才，有的甚至成了有名的美食家和品酒专家、酿酒售酒专家。我不是专业做餐饮的，属业余爱好者。写诗也是业余爱好（我认为诗人都是业余的，专业诗人是个可笑的说法）。这些都是幸福的事情，和很多人喜欢音乐、热爱体育是一回事，但如果有这样的爱好终身陪伴你，那不是很爽吗？

笔者：诗歌，你很牛；生意，你做得不差。你有什么遗憾吗？

李亚伟：我确实写了一些自己和朋友们都很喜欢的诗歌，但生意谈不上什么好，只是随意，能养活人就行了。对生意就那么回事，随意，没什么理想。对诗歌要求很高。总之，没什么遗憾不遗憾的，我是一个喜欢远眺未来的人。

李亚伟，著名诗人。20世纪80年代与万夏、胡冬、马松、二毛、梁乐、蔡利华等人创立“莽汉”诗歌流派，与赵野、默默、万夏、杨黎等人发起第三代诗歌运动。出版有诗集《莽汉·撒娇》《豪猪的诗篇》《红色岁月》（中国台湾秀威版)。获2004年首届屈原诗歌长诗奖、2005年华语传媒诗歌奖、2013年首届鲁迅文化奖等奖项。

他是最“生活”的一位诗人。有诗友，没有江湖；有山居，没有隐逸。如今他带着几分仙气，漫游中美，右手诗歌，左手绘画。“绘画不是跨界，是扩充艺术范围，它在变相地延续我的写作状态。”

吕德安：带着“仙气”漫游

2015年4月18日，“浪漫的落差——吕德安作品巡回展”在福建省美术馆开幕。平日里低调的著名诗人舒婷专程坐动车从厦门赶至福州，为吕德安站台。

画家吕德安的诗人身份，在20世纪八九十年代的中国诗坛，已露峥嵘。他和朦胧诗代表诗人舒婷的最初相识，并非一见倾心。有一天，这个年轻的诗歌初习者，找到舒婷的家。舒婷穿着一件家居式宽松条纹白睡裙出现了，接过吕德安的“得意之作”，随意翻看两眼就搁在一旁。多年之后，吕德安亲切地回忆道：“传闻中的大诗人，也不过跟病房里跑出来的女人差不多。”

这种文学青年敏感的心理，并没有阻碍诗人间的彼此欣赏。和舒婷交往二十多年，吕德安说，“非常尊重她，但后来我自己也有了对诗歌的一套看法，我成熟了。”很显然，他的诗风并非直接传承舒婷或“朦胧诗”，但他们却似生活中的姐弟。舒婷结婚时，请吕德安以女方家眷的身份，按当地风俗，在出嫁的路上帮她抬嫁妆。吕德安身在外地，无法成行。结果在迎亲路上，嫁妆中的一面大镜子被摔破了。过后，每每提起这件事，舒婷就埋怨吕德安，说都怪他不在。

诗坛“金枪手”

“我最早写诗，是源自一场恋爱。”吕德安至今还保留着一本20世纪80年代的蓝色塑料封面日记本，翻开，普希金、舒婷、北岛、杨炼等人的诗，一篇接一篇。大学时谈起柏拉图式的恋爱，通信时把普希金的诗抄一首送给对方。当时他只知道一个外国诗人，叫普希金。第一次看普希金的诗，吕德安觉得“简直跟白话一模一样。诗歌竟然可以这样写！”那是1976年，他16岁。

1983年，吕德安和朋友金海曙等一些诗友已在福州办起了民间文学刊物《星期五》。“星期五诗社”成为其时飘荡在中国诗歌江湖东南角的一面旗帜。“诗歌要回到常识，表达日常的情感和审美，而‘星期五’这个诗社的命名也似乎更多意味着生活的怡情逸志。”

那时诗人间的串联是常态。譬如和当时“今天”的诗人如北岛、芒克、杨炼等很熟悉的黑大春，就怀揣着某诗人的介绍信到福建找舒婷，舒婷便介绍黑大春到吕德安的学生宿舍住。之后他俩就玩得特别好。“铁哥们，整天在一起，同性恋似的。”在吕德安看来，黑大春颇具“骑士风度”，随时随地喝酒咏诗。“他走路腰杆笔直。”吕德安描述黑大春是那年头的游吟诗人或流浪诗人的先驱，“像马雅可夫斯基所说的‘挺拔而俊美，二十二岁！’他游侠气十足，一身黑社会式的玄色绸缎衣褂，光头、拖鞋，加之喝酒、浪诗、打架、称兄道弟，只是我们在一起很少谈女人。”吕德安又笑，“也没女同学一起玩，那时没这个概念……爱情还在睡觉。”

在黑大春身上，流浪与诗歌本身融合为一，让吕德安着迷。一度他们甚至计划将他们当时气息相投的诗歌合集出版。“当时‘星期五’诗社的诗友集体动员，想去海南岛——这是心目中的塔希堤岛——支教，去过纯粹的高更式的生活。这个消息甚至让‘圆明园诗社’某些诗人心驰神往，据说彭刚带着北京诗人芒克的口信也赶至福州，但这种浪漫的想法最终不了了之。”就这样，吕德安如钉子户一般，罕见地在“本职岗位”上一干就是十年。

1998年，一份《诗坛英雄座次排行榜》点燃了沉闷已久的中国诗歌界。在那份“排行榜”上，福建籍诗人吕德安位列第十八，号为“金枪手徐宁”，判词是“练得一手行云流水掌、拖泥带水拳，虎虎生风，好连连。故列为马军骠骑将四席”。但那时，中国诗歌江湖上，年轻诗人们在打听吕德安是谁。其时，诗人吕德安又一次从美国返回国内，应邀参与牟森的戏剧创作，暂住牟森的房子里，“边啃鸡脖子，边整天看电视”，似乎对诗坛江湖发生了什么，浑然无知。

纽约街头，偶遇陈丹青

1991年，吕德安以陪读身份跟随前妻来到美国。“我刚到美国，在明尼苏达州一个小镇，叫曼凯托。雪下得很厚，有一种从没经历过的冷，我觉得那就是我一直向往的北方。我刚到那里，就开始写诗，写了三个月，直到我不得不去谋生，我就去纽约了。”吕德安说，纽约有诗人严力和张耳等几个比较亲近的朋友。他们为欢迎吕德安来到纽约，与一家画廊共同组织了一次诗歌朗诵会。这是吕德安第一次在纽约朗诵自己的诗歌，后来再也没有亮相，当时著名作家残雪也出场朗诵了她的小说片断。

吕德安是美术科班出身，严力便介绍给他，说有一帮中国画家在街头上画画，收入也不错，“暂且当人生的过渡吧”。

鼓足勇气，吕德安拎着画具上街。第一次上街，是在纽约中央公园。有对母女走来，不会招呼生意的吕德安看着她们走向另一个华裔画家。这位华裔画家忙不过来，就分了一个，给吕德安。画到一半，警察来了，大家赶紧转移阵地到公园的一块岩石上，吕德安结束了街头卖艺的第一桩生意。下午，吕德安和一帮画家转战曼哈顿商业繁华的第34街，刚画上就被警察逮个正着，带进警局，没收画具，拍照，按手印，开罚单。“一张画像标价5美元到10美元不等，当天挣了30美元，被罚了50美元。”吕德安笑着给笔者回忆，第一天就被抓，当时真有点害怕，就按事前别人的提醒，报了假名，说是新来的。吕德安回忆说，这是他街头画像的第一天，非常戏剧化，就像电视上演的。后来他在一本杂志上看到了一个熟悉的身影，正是上午那个分给他生意的画家，“那时我才知道他叫陈丹青。”

街头，还是要上的。一到冬天，画家吕德安就歇下来，窝在家，回归诗人身份。就这样，持续了三年。1994年，吕德安不想过这种生活，“不想在那么好的年华为了赚钱而街头卖艺”。吕德安问在纽约的著名诗人江河（他与顾城、北岛、舒婷和杨炼并称为“五大朦胧诗人”）：“我有3万美元，在国内生活，可以支撑多久？”江河打听后告诉吕德安：“你不要工作，精打细算的话，至少可以过20年。”

不到5年时间，1998年，梦想一劳永逸的吕德安，口袋很快就告罄了。“主要开销是1995年在老家的山上盖了房子。那时我单身，跟一帮民工一块儿盖，都成了传说了，那房子在群山里，房前房后都是巨石，还有溪流和池子，先是和两个同道朋友上去盖的，我们隔溪相向，现在来了更多的人家，都有自己的大大的院子，但一些人盖好后又转卖，所以现在有的邻居甚至见都没见过。”

“写出一首天下最笨拙的诗”

吕德安在福州自己亲手打造的山居里，过上了诗友们艳羡的田园生活，但山中不是桃花源。在那座山谷，还住着一位画家。有一天，趁他不在，画家叫人把溪中大石上一棵树砍了，理由是“挡住了房子的视线”。一棵树的“人为死亡”让吕德安万分生气，扬言要卖掉房子搬走，好在这棵树又长出枝叶，显露出生机。这件事后来写在他的一首诗《或许可称之为台词》里，成为他在牟森的一出实验戏剧里的台词。

2013年，朋友邀请吕德安去北京，“邀请我主持一个网站的诗歌栏目，酬金正好能支付我在北京工作室的租金”。于是一直喜欢北方的南方诗人，开始“北漂”，似乎那是他生活的一个新起点。“我在山上盖房子也不是所谓的隐居，我只是换了一个地方讲故事，也许，那种安静的环境适合我诗歌写作中的某种特质。但我选择来北京，却未必意味着它暗合了我绘画的某种特质。它只是一个更容易交流的艺术平台。”

在北京，吕德安的画作得到了评论家的赞许，其间洋溢的诗性，常常是当下其他许多职业画家所缺少的。在吕德安看来，中国当代艺术的起源与诗歌是分不开的，在吕德安近乎抽象的画面，处处隐约可见中国古典山水画原型，透露着对古代笔墨文化的传承和依恋。“我对自然和古典山水的解读，甚至是一种情绪。我想每个创作者都会有一个灵感的源头。”

“中国有这样一个诗人，在福建和纽约两地漫游，在隐遁和出现之间洞察世界，在生与活之间写着素朴而本真的诗。他不急不慌心无旁骛地独自走在一条属于他自己的路上。他梦想有一天‘写出一首天下最笨拙的诗’，而他已有的作品业已表明，他是多么智慧的诗人。他是当今诗界少见的不声不响依旧可以俘获伟大读者的诗人，从而成为‘诗人中的诗人’，这个诗人就是吕德安。”这是第九届天问诗歌艺术节组委会写给吕德安的颁奖词，吕德安荣获2014年度“天问诗人奖”。

2015年3月，吕德安受邀参加第九届天问诗歌艺术节。这次活动，聚集了他相识多年的诗歌朋友。“今早，起床洗漱时看到镜子里的白发，忽然想，我们真的老了，只是我们不愿意承认自己老了。”吕德安有点感伤地告诉笔者，然后他又说，“在潘洗尘家里，我看到了老《诗刊》，那上面的文本被时代牵制得太大，而我们这一代更自由，更有力量。在这个层面上，我们比他们更年轻，我们还不老。”

吕德安，著名诗人、画家。1983 年创建“星期五”诗社，南京著名诗社“他们”的主要成员。1994 年获首届《他们》文学奖。多次参加北京牟森“戏剧车间”，从事戏剧实践。2000 年后，偏重绘画创作，出版诗集《顽石》。2011 年出版诗集《适得其所》，同年获云南高黎贡诗歌主席奖。2015 年获《十月》诗歌奖、“天问诗人奖”。

“经历了一系列的苦，心已经侧向一边了。狂傲，离我很远了。”这个曾经颇有前途的前外交官，如今的诗人、翻译家，无意狂傲，亦不愿挨近狂傲之徒。他微笑着应对周遭千变的世事和万变的人心。

树才：修语言禅

“素云撤从山，渐融天宇中。风雨一场空，灾祸又人间。”一位江南少年站在简陋的自家门前，望着前面的山峦（其实是丘陵矮山），写下了一首题为“雨后”的古体诗。少年将人生第一首诗写完后，又忙下一首诗去了。

“从这首诗中我可以读出，小小年纪，我好像对‘空’、对‘灾祸’，已经有了最初的内心敏感。可见，我的第一首诗，并不是出自喜悦，而是某种忧患。”回望被淹没三十多年的记忆，诗人树才如打捞一桩尘封已久的往事，怦然动心的竟是湿漉漉的忧患，尽管喜悦和微笑，已经成为他应对周遭世界的标志性情绪。

树才承认自己少时亦有“内心的狂怒风暴”，但浸淫诗界日久，看多了表演，“我在厌恶的同时，就暗自引以为戒”。树才曾在中国驻塞内加尔大使馆担任过四年外交官。比起令很多人羡慕的外交生涯，树才更钟情与诗歌为伴的生活——“如何成为一个真正的诗人？这才是我四十多年来最操心的事情”。

而云南大理的苍山洱海，正好可以安置诗人漫游多年的诗心。树才在好朋友潘洗尘的家里闲居一段日子时，竟对大理这个古老小城生出了感情。于是在大理买房，与李亚伟、莫非这些成名于20世纪80年代的老朋友，重新团聚。“大理是个让我出神的地方。一出神，就自由了！”

从外交官到“包工头”

“外交官这个职业，其实我是适合的，但我并不喜欢。不过，有我真正喜欢的职业吗？好像也没有。一个都没有。我在想，一个人如果喜欢上了诗歌，恐怕职业对他就没有什么关系。”树才对自己的外交官生涯，没多少留恋。1994年，四年的外交任期满后，树才就回国了。他说是“争取”到这个回国权的。说来也怪，树才在塞内加尔工作期间，好像谁都觉得他挺能干。“任期满了，参赞挽留我再干一年。我坚决不答应。我想回国，好像冥冥中有什么在呼唤我。一回国，我就知道了，那呼唤我的东西，不是别的，正是诗歌。”

树才的诗歌天赋，在大学就得到了充分的发酵。“我是1983年考上大学的。我一直是考中文系的，我的作文成绩一直是班级里最好的，后来不知怎么就掉进外语系了。”树才坦承，是自己“不知疲倦地，也不知羞耻地连续考了五年”，才终于考到了北京。树才的小姨妈为了他能考上大学，一有机会就烧香拜佛，祈请神灵帮忙。

大学二年级，树才就投身于搞文学社了。那时北外的文学社，叫尝试文学社，自编刊物《泰思》。很快，树才就成了主要人物，任《泰思》主编。在大学期间，树才为诗歌而做出的比较疯狂的事是，大学四年他没有睡过一次午觉！中午，别人睡午觉了，树才静坐在校园的小花园里，一阵风吹来，他写下诗；一只鸟鸣叫，他写下诗；一朵云彩飘过，他亦能写下诗。

在做外交官期间，树才说他一个诗人朋友都没交到，“因为那不是一个诗人出入的场域”。在达喀尔时，树才倒是拜见了塞内加尔大诗人桑戈尔（也是该国独立后第一任总统）。树才景仰他，而他也垂垂老矣，所以不能算“交到朋友”。树才带去了中国诗人对他的问候。“余生有一个愿望，至今还没有实现，那就是译出一本《桑戈尔诗选》。”

当然人活着，总得有一个职业，有一份收入。树才觉得，既然什么职业都不喜欢，倒也可以接受各种职业，凭能力和经验，去把它做好。回国后，树才凭借法语专业的背景与外交官的资历，进入一家国企，参加了很多项目合同的谈判。树才说他对谈判，从一开始就感兴趣。可以说，他是善于谈判的。“对人与人的关系，我从小就有一种尺寸感。谈判，只要双方有诚意，其实总是能谈成的。怕就怕没有诚意，使谈判徒具形式。”为了工作，1997年，离开非洲的树才又奔赴非洲，前往科特迪瓦。项目所在地，可是个大建筑工地，是中国援助科特迪瓦的一个工程，叫“国家剧场”。“那时候中国还没有自己的国家剧场呢，但这不妨碍我们给科特迪瓦人民先建一个。但身份变了，以前是外交官，这次是工地负责人。”

一次，为了说服当地工人在工地里穿上从中国运去的军绿色跑鞋，树才把几百名工人聚集到一起。他站在高处，正想讲话，突然看到旁边有一辆翻斗车，激情的诗人想起了列宁同志做演讲时的英雄风采，于是一步踏上翻斗车，用法语大声同工人们讲起生命的重要，讲他们在工地劳作，不光是为了自己，更是为了家庭。“讲来讲去，其实就是为了说服他们，在工地上得穿军绿色跑鞋。”他记得，讲到兴致最高处，居然给工人们背诵了一首法国大诗人勒内·夏尔的法文诗！“我当时真的沉浸在自己的崇高诗情里，反正背完诗后，工人们噼里啪啦掌声一片。”事后，工地的一把手徐组长对树才笑着说，你把他们当作大学生了！

这个工程，前后建设了五年，树才在中间干了关键性的两年。回想起来，树才说这是他此生到目前为止操心最多的工作，既要管人事（五六十个中国技术人员，三四百个本地雇员），又要管财务，还要管对外接触，同分包商签订合同，检查工程进度，完成退税，等等。土建工程搞完，验收时还得了“优良”，“我承认，我平生最大的工作锻炼，就是在建筑工地的这两年”。

微笑的绅士

如今的树才，翻译家是他诗人身份之外的另一份荣耀。“我翻译诗，最初纯属偶然，或者说只是一种个人兴趣，还有一个原因大概就是：给写诗的好朋友们（主要是莫非、车前子），分享我读后感到喜爱的法语诗句。”

去非洲前，树才译了法国诗人勒韦尔迪的诗，也译了夏尔的一些诗。诗人、翻译家高兴时任《世界文学》的编辑，是他把树才的译诗推荐上去，然后在《世界文学》发表。“我译诗的兴趣，就是被高兴鼓励出来的。”树才说，正是《世界文学》把他培养成了一名翻译家。在树才看来，如果不是翻译法国诗歌，他的写作就不可能是现在这个样子，“我的视野也不可能有今天这么开阔”。

树才试着用法语写诗，“但我得承认，那写出的东西，不是诗歌”。在他看来，写过和写出过，这有很大不同。在汉语母语中，树才说他就敢说“我写出过诗歌”。有一次，在广州，树才同英国诗人蒲龄恩一起参加诗歌活动，大约是受到他的启发或刺激，树才竟随口说出一首英文诗来。大家听了，都觉得好玩。“也许我可以说，我用英语倒是写出过一首诗，有我的老朋友高兴为证。”

客居大理后，树才和好友潘洗尘来往更多了，他主动担纲潘洗尘发起的天问诗歌艺术节的主持。2015年3月，在樱花盛放的时节，在大理MCA艺术中心，树才主持的诗歌朗诵会在音乐的伴奏下激情开幕。在一池清水的舞台上，诗人们轮番上阵。树才一直鼓动诗人们能在朗诵之后纵身一跃，跳入池水。但才情狂傲的诗人们这时大都虚张声势一番，赶忙躲开。倒是树才真嗨了，伴着现场音乐人的吉他声，他自告奋勇地扭动屁股，跳起非洲舞来。这种即兴式的表演，未曾料到点燃了与会者的激情。他们陆续步入场地，摆动手臂，扭起舞来。树才这种即兴表演，纯属偶发现象，更多时候，他是不温不火的绅士。

一次，树才去一所大学做讲座，到提问环节，树才接到了一张纸条："老师请问，您在整个讲座期间为什么一直在笑呢？您是天生就爱笑吗？"树才笑着把这张纸条念了出来。同学们也都笑了。树才笑着回答："我看见你们来听我讲诗歌，我的内心就有一份喜悦，我对你们就有一份善意。我可不是天生爱笑的人。"

树才坦率地说，"我的脾气并不好，甚至是个坏脾气。少年时，我就感受到了我内心的狂怒风暴。"一次，班级篮球赛时，老师错判了一个球，树才据理力争，老师不予改正。被狂怒之气充塞心间的树才竟当场倒地虚脱！"我确实不是个狂傲的人，但我自己知道，我是个内心有极强自尊心和骄傲感的人，只是我并不表现给外人看。"

在树才眼里，人是在外人或外界的挤迫下讨生活的可怜动物。而他也不例外，是弱小者。出于某种自我保护的本能，弱小者会对外人或外界表示友好。"不过，我确实是与人为善的人，如果某人表现出恶，我不会直接对抗，我不理你或者回避你，不就得了吗？"树才说，碰到不平事，他尽量不让自己愤怒。"因为万一愤怒点燃了一个人，那个人就只能去承受愤怒之火带来的损坏了。"

"每一个孩子都是诗人"

半年前，树才的一个做儿童教育的朋友邀请树才，做儿童诗歌教育。"可能觉得我身上还有一些童心吧。"树才笑着说。树才因此与时髦的移动互联网发生关系，线上，他主持一个叫"一起诗歌"的微信公众号，不时发表对"童心和诗歌"的一些思考，同时分享孩子们自己写的一些“童诗”。树才每周一节课，给孩子们教“儿童诗歌课”，每节课15分钟，课后有诗歌练习。

“这门课，我们是通过互联网的平台在线教的，所以不受地点和时间的限制，教的人和学的人都比较自由。孩子们让我大开眼界，因为他们的纯真心和想象力令人震撼。”孩子们每有好诗，树才都会在自己的朋友圈真诚点评。

树才记得第一课的练习是“爱是什么”这个千古难题。一个叫小二牛的孩子，当时才5岁，他的回答，在树才看来真是一首好诗：“爱是什么？/爱是肚子饿了的时候闻到的香味/爱很暖和，让人兴奋/爱是冬天把面包丢到院子里给小鸟吃。”“你瞧，孩子通过三种想象，从爱那里闻到了‘香味’，又从爱那里感觉到了‘暖和’，最重要的是，他把爱理解成了一种行动。”树才在这首诗里，不仅看到了美好的想象力，而且还有感人的理解力。“小二牛才5岁，他懂什么呀？不，他懂‘爱是什么’。”由此树才更加相信：每一个孩子都是诗人！孩子观看世界万物的目光，是充满好奇心的，闪动着新鲜之光，所以他们常常会有自己的独特发现。

树才谦虚地总结，看上去是我在“教”孩子们，但实际上是孩子们在“启示”我！“我庆幸自己写了三十来年诗歌，至今仍‘持存’一些童心。”有时候树才想，正是这些“持存的童心”，让他还不甘心活在世俗的“低处”，因为诗歌让人的内心向着某个“高处”。“仰起头来，看见天空”，他认为这就是诗神对每一个诗人的默示。

树才对诗歌的爱，是纯粹的。凡是以诗歌为名的要求，他几乎有求必应。接受采访的次日，他就要赶赴青海湖国际诗歌节。这个创办于2007年的诗歌节，目前已在国内外享有极高的声誉，被国际诗坛列为当今世界最著名的国际诗歌节之一，树才是其发起人之一。每届的法语诗人，基本由树才邀约。“我的主持功夫，能得到朋友认可，也是从青海湖国际诗歌节锻炼出来的。”

我们能看到树才活跃在各类诗歌活动中的身影。2015年8月，刚参加完青海湖国际诗歌节，树才就应约到四川成都——中国的诗歌心脏地带，进行与法国诗人弗朗西斯的对话。在树才看来，写诗、译诗、读诗和研究诗歌翻译，不仅让他快乐，而且充实他的内心。诗歌，从来都是让他快乐的。所以，你极少看到愁眉苦脸的树才。“诗歌甚至是我内心快乐的源泉之一。”

“诗歌有让你不欢乐的时刻吗？”面对笔者的追问，树才斟酌半天，“我置身诗歌界，我参加或主持一些诗歌活动，还担任一些诗歌奖项的评委工作，坦率地说，这些活动并不总是给我带来快乐。”为什么？树才说，因为他看到了诗歌在社会中的“角色”并不那么单纯——它不是被“高看”就是被“低估”，人们就是不愿给它“如其所是”的理解和尊重！人们更愿意“利用”它，甚至把它视为博取功名利禄的一种手段。在这个层面上，树才说他更愿意让诗成为诗本体，而不是任何别的什么。

对于诗歌的被利用，树才有话可讲：按理说，诗歌是“无用”的，它是语言和心灵相遇时自然萌生的一种表达艺术；如果非要说它“有用”，那它的用处肯定不是功名利禄，而是直抵人心，用间接的方式把一个人的“内在”整个儿地“改造”。树才一再强调，诗歌的力量是它的内在性，而非外部名声。

树才4岁就失去母亲，在他看来，找到诗是老天对他的恩赐。

成年后，偶然读铃木大拙，他随即认定禅智慧合自己的内心所求。“经历了一系列的苦，心已经侧向一边了。狂傲，离我很远了。”他亦不愿挨近狂傲之徒。佛禅启示他：一切在于自己。树才承认，现在他几乎把诗和禅混为一谈了。诗人怎么修禅？“以语言为不二法门吧。”

[对话] 把朴素视作一种诗学

翻译是遗憾的艺术

笔者：你除了写诗，很早就开始翻译法语诗歌，翻译对于你的写作有什么促进作用？

树才：从翻译的努力中，我的法语获得了某种诗歌意义上的提高，我对自己的母语汉语也更加敏感了。我体察到了两种语言之间明显的和隐秘的差异。我也切身感受到，人类是活在“比较”的本能中的，因为比较产生关系，而关系总是基于差异之上。是的，翻译的出发点和理由，都是语言之间的差异，但翻译的目的地和理想，却是寻找意义的“同一”（似乎意义是某种永远不会变化的东西）。这是悖论。翻译，其实是从差异的出发点上走开去，然后把差异扩得越来越大。翻译好比是旅行，你只能往前走，你可以回头，但没有回头路。在诗歌翻译上，我是一个未来主义者。现在，翻译成了我的主要研究兴趣。

笔者：有人说“诗是翻译中丢失的部分”，那翻译何为？诗歌翻译努力的方向在哪？

树才：翻译何为？这是一个好问题。我曾经被问到另一个问题：诗人何为？我的回答是：诗人写诗。但问题又来了：诗人写的那些分行的句子，真的都称得上是诗吗？诗是分行的句子，但分行的句子，可不一定是诗。“诗是翻译中丢失的部分”，这句话是美国诗人弗罗斯特说的，它本身也是一句翻译（应该也丢失了什么东西），是从英文译入汉语的，英文原文是“Poetry is what gets lost in translation”。但我倒是觉得，这也许只是弗罗斯特试图命名“诗歌”时一种俏皮的说法。Poetry 是总称，指诗歌。我的反问是：诗真是可丢失之物吗？翻译过程中那个叫“诗”的神秘物为什么会丢失？它是怎么丢失的？它是被谁丢失的？那被丢失了的东西最终去了哪里？还可以再找回来吗？……我内心非常明白的是：翻译不光是“丢失”的艺术，还是“添加”的艺术，概括一下就是，翻译是遗憾的艺术。至于翻译努力的方向，这正是我想弄清楚的问题。但是，从诗的角度来讲，诗歌翻译努力的方向只有一个，也仅此一个，那就是：译诗成诗。什么直译，什么意译，都是方法论，都不是翻译的究竟。

诗歌是一场从未结束的胜利

笔者：你说过，探索最需要的是勇气。和勇气相比，才华难道不是更重要吗？

树才：诗人都有才华，才华对一个诗人来说，实在没什么可夸耀的。夸耀自己才华的人，我认为绝大多数是出于自恋。确实，正是自恋，阻碍了不少有才华的诗人去拓展自己的才华。依我看，诗歌就是必败的事业，或者反过来说，诗歌是一场从未结束的胜利。

因为从未结束，所以在世人眼里，当然也是一种失败。认为自己有才华的人，一定以追求成功为己任。否则才华怎么被证明呢？才华不就白白浪费了吗？说到诗歌，有才华是能写出诗来，但如果没有勇气，写出来的那点诗，就会既缺乏深度，又缺乏人性。想拓展某种才华，不能再依靠才华，而是只能依靠勇气。才华让人向往成功，勇气却促人接受失败。在诗艺的探索上，在诗心的挖掘上，勇气，只有勇气，才能让一个诗人敢于反抗，敢于独立，敢于失败。

一个中国诗人也只有活到“勇气”的份儿上，他才真正具备了某种生命才华，这就是他的人格、骨气、悟性、道义！

笔者：你曾说过，你在生活里也在避免让自己“看上去像个诗人”，为什么要这样?

树才：“看上去像个诗人”，那是很糟糕的。为什么？因为诗人必须“是”，而不是“像”。像，是诗歌常用的一种修辞，叫明喻。看上去像什么都可以，但不能“看上去像个诗人”！那样你已经什么诗人都不是了。“是”即本质，“像”为皮相。诗是针对本质的，诗必须写出本质的东西，内心最真实、最真诚的东西，语言最简单、最微妙的东西，一个词：强度！密度、速度和节奏，都可以从强度中产生。诗人作为浪漫才子的形象，戕害中国诗歌的时间已经太久了！在当代社会，没有比诗人更普通的人了，同时，也没有比诗人更奇特的人了！也许是因为我干过别的职业，我发现，现代社会已经没有了让诗人在浪漫中自恋的外部条件。诗人不能靠写诗过活了，诗歌只是一种特别的精神消费品，人们通过不花钱，一方面羞辱它，另一方面也迫使其高踞于洁净之地。“看上去像个诗人”，远不如“看上去像个老板”更吸引人。我认为，没人逼你写诗，写诗也无利可图，如果想成为诗人，那就投身于写的语言海洋，投身于活命的生老病死，通过诗歌并在诗歌中，让自己“是”诗人，而不是“像”诗人!

诗歌有价值，而无价格

笔者：中国诗歌的派系很多，你熟悉法国诗歌，这是中国特色吗?

树才：自从超现实主义结束以来，法国诗歌已经谈不上任何流派。如果非要找一个，那也许就是“乌利波”了。乌利波是oulipo,是一个发明出来的词的缩写，完整意思是“打开文学可能空间”。但参加乌利波的那些诗人，除了有时聚到一起，以某种“方法”来作诗（必须严格遵守给定的方法，它意味着逾越语言的困难），大多数时候他们都各玩各的。自由探索，仍是某种共识。整体上说，法国诗歌目前已堕入到某种“修辞化”和“技术化”的泥淖中，难以自拔。中国国家大，诗歌好像仍然保持着某种社会影响，也就是诗歌仍能时不时触动一下社会的神经，这一点是法国比不上的。我个人是厌恶派系的。对诗歌派系之间的价值之争，我一律视之为“权力话语”之争，因为与诗歌本身毫无关系。进入21世纪以来，诗人们逐渐减弱了探索的勇气，而一股追名逐利的功利毒气，一年比一年多地弥漫在诗歌场域。派系越众，山头越多，就越能证明这一点。其实，诗歌江湖，水并不深，因为它差不多就是脸盆大小那么一个场域，水也没有盛满，但每年都有人闹腾事件，于是半盆水就溅出了水花。

笔者：在诗歌写作上，你的愿景或目标是什么?

树才：我的目标其实很朴素，希望自己这辈子爱诗写诗，最终能配得上“诗人”这个称号。我明显感觉到，以交换为原则的现代经济社会，越来越不需要诗人了。因为诗歌是诗人与天地交心、与日月动情、与草木应和的精神产物，它没法再参与到社会的价格系统去。诗歌有价值，而无价格，诗人有爱心有悲悯有纯真，却没有人信任他们。在中国，我自己写作的愿景是，把朴素视作一种诗学，从本体的角度来理解诗，在语言艺术这个本体层面上来写诗，也就是，把诗当诗写。在我心里，诗的本体大于一切，大于政治，大于诗学，大于语言，也大于任何企图用诗去达到某种诗外目的的任何东西。诗篇是有，诗是无，有无之间，我把余生托付给语言的努力吧。

树才，原名陈树才，诗人，翻译家，文学博士。1987年毕业于北京外国语学院法语系。1990—1994年在中国驻塞内加尔使馆任外交官，2000年调入中国社会科学院外国文学研究所。著有诗集《单独者》《树才短诗选》《树才诗选》《节奏练习》等。译著有《勒韦尔迪诗选》《夏尔诗选》《博纳富瓦诗选》《法国九人诗选》等。2008年获法国政府颁授的“教育骑士”勋章。他希望此生爱诗写诗，最终能配得上“诗人”的称号。

一片树叶的灵气需要摄影师同样的灵气才可以表达出来。在诗人、摄影家莫非眼里，没有新叶和枯叶，只有充盈的生命与光。“按快门的那一点点啊，要么是风情万种，要么是一团漆黑。也就是说，除了‘唯一的树叶’，其他的树叶再金贵也没什么。”

莫非：看见“唯一的树叶”

“我是一个没有故乡的人。”1967年，6岁的莫非，目睹父母辈被红卫兵限令两天之内“滚出北京城”。快60岁的父亲带着近50岁的母亲与惊惧的莫非，仓皇地落脚河北一个贫穷的县城。莫非记得第一夜，他们一家是睡在满地谷草的牛圈里。父母不会干农活，如果没有亲戚的接济，“真不敢想怎么能挺过来”。一年除夕，母亲为了改善伙食，包饺子给家人吃，谁知饺子没捞上来，就化开了——没有面粉，母亲只能找到白薯面，但白薯面是不能包饺子的。一家人临锅哽咽。

被打压的家庭，贫瘠的生活，陌生的环境，这让在北京生活惯了的莫非感到那么困惑，“那时我就很害怕和人交往，对世界不理解，觉得极其荒谬”。曾经的出生地，抛弃了他们，而投奔之地，是如此荒凉和陌生，这让莫非对故乡的概念极其羡慕与隔膜。而这种人生的疏离感，也使他过早陷入对世界的敏感。多少年来，莫非试图用诗歌、镜头，抵御孤独，找寻光亮。

以诗抵御荒谬

10岁那年，莫非同伙伴在河边玩耍。不小心，不会游泳的莫非掉进水里。“我大喊救命，其他人在水里嬉戏，没有救我，反而认为我在开玩笑。”莫非回忆道，当时一个被大家看作“傻子”的人听到救命声居然把莫非拉上了岸。自此，“我对人世间所谓的智和蠢的理解，与别人不一样了”。莫非至今对那场遭遇耿耿于怀，“自以为聪明的人，对生命的消逝无动于衷，反而是他们眼中的‘傻子’却看到了生命的挣扎。从那以后，我对自以为是的人敬而远之”。

粉碎“四人帮”后，莫非所在的地区尚未被“春风”吹拂，莫非依然享受“特殊待遇”——不能上高中。1979年，未上过高中的莫非有幸参加高考，被一家中专录取。这时他面临着选择——要么跟随落实政策的父母回到北京，要么接受录取，留在当地。被命运折腾够呛的莫非，讨厌继续做一个异乡人，他选择返回北京。

回到北京后，莫非一头扎进图书馆，痛快地吮吸知识的甘露。“终于没有人不许我读书。”莫非当时被安排到北京市园林局工作，所有的工资，基本上都用来买书，读的哲学书比读的诗要多得多。“我真不理解当年的红卫兵现在说青春无悔是什么意思。我的外祖父成分不好，连累到我的母亲，最后连累到6岁的我，一家遭那么大的罪，就是红卫兵当年上门宣判的结果。”莫非说自己一直未从童年创伤中解脱出来，当初写诗，就是为了抵御这种荒谬，甚至现在做丁克一族，也是当年那种株连式惩罚留下的阴影——“不想要孩子，就想伤害到我这为止吧”。

“我那时的诗歌主题多是对人类命运的思考，追问我是谁，我从哪里来，到哪里去。”莫非说自己6岁被赶出北京，19岁时又回到北京，一切又是陌生的，北京也不像自己的故乡。莫非那套父亲单位分的两室一厅的房子，在当时确属稀罕，他家成了北京诗歌青年的聚会场所之一，“常常和马德生、严力、江河、多多、芒克、北岛、黑大春等诗人和艺术家一起玩。我那时19岁，可能在北岛眼里就是小青年。”而莫非和诗人马德生的友谊持续了三十多年。

那时莫非对既写诗又会画画的诗人有特别的好感，而马德生正好就是那样的人，何况马德生心地又特别善良。莫非的第一本诗集的插画，都是马德生的一幅幅原版木刻；1985年，莫非结婚，马德生也是忙前忙后地张罗。“他是一个有腿疾的人，坐在轮椅上画画写诗，按理说，他最需帮助，而他恰恰是帮助了别人。”20世纪80年代初，马德生到法国定居，后去美国佛罗里达观光时遭遇车祸，同行的女友当场死亡，而伤势严重的马德生被放弃治疗，结果他在太平间有了呼吸；后因沟通误会，被护士拔掉了氧气罩，差点送命。九死一生，马德生一条胳膊和一条腿受了重伤。“他这样了，还没放弃画画，而且越画越好。1997年，我作为非官方诗人去巴黎参加第四届国际诗歌节，也与他背后的推介有相当大的关系。”

拍摄植物，是用镜头写诗

写诗的莫非，在40岁时，突发奇想，要换一种方式写诗。他学会了摆弄相机。“由于对人际交往向来很怵，拍摄的对象多是植物。而拍植物时，能感觉自己回到了无忧无虑的童年。自然是平等的，小时候在田野里玩，只有它不会欺负我，那种神秘、明亮和辽阔，是那么动人心魄。”莫非说他可以四小时不抽烟，不喝水，趴在草地里拍植物的花蕊、花瓣，拍有着美丽的纹路的树干。

惧于和人交际的莫非，在与植物的亲近中找到温暖。他独自玩着，自得其乐。他拍遍了北京公园和马路牙上的花草，连胡同角落和屋顶上的杂草，他也没有错过，“北方大部分农田杂草，我都拍过”。

玩着玩着，莫非有一天接到佳能公司的电话，说要给他办一个摄影展，“我开始以为开玩笑，我自个儿玩，哪想到能办影展？摄影圈，我那时一个人都不认识”，莫非笑着给笔者回忆当初的诧异。

微距拍摄植物，通常能给他带来惊讶，在莫非看来，“没有惊讶，就不可能认识世界”。莫非对自然摄影的执著和偏好，给了他去异国他乡追拍植物的机会。2012年，他受邀去南美的厄瓜多尔拍摄。在那里，他居然也拍到了一种在《诗经》里叫芄兰的植物——萝 。在异域一下撞见国内熟识的植物，“不亚于碰见了亲人，那种亲切感难以形容”。

现在，莫非计划去秦岭拍猕猴桃。他已将《诗经》提及的植物绝大部分拍到了，猕猴桃是两种漏网鱼之一。“《诗经》里大约写到150个植物名称，这些名称与实际的植物不一定是一一对应的关系，譬如名为苦菜的，可能不同地方多种植物都叫苦菜，所以我就多提供有些可能重名的植物。”不同植物，不同地方，或许有相同的名字；相同植物，不同地方，完全可能有不同的名字。

在莫非眼里，某种植物俗称越多，就能证明该类植物生长地理范围的广阔和生命力的顽强。“一种植物有了名称，证明它被认可，它已进入人类文明史，现实中，它或许是药，或许是食材。”

有些蔬菜，也在人们的认知视野里进进出出。据莫非考察，荠菜在汉代时已不仅仅是野生的，也有了人工栽培，是当时的贵族蔬菜。之后荠菜又逸出菜园，野生于田埂沟渠间。

为拍摄到好的图片，莫非常常趴在草地上一动不动几个小时，吓过情侣；一身泥土，被自家小区的保安盘问过多次。“越是我认识的植物，拍摄时越有信心。”一点点查资料，一点点积累，莫非成了博物学爱好者，而且在微距拍摄中发现了世界的神奇和大美，它真的是写诗的一种方式——发现美、醉于美和表达美。

孩子气地玩，海可以阔，天可以空

莫非现在在云南大理也买下房产。打动他的，不只是那里有不少诗人、艺术家和朋友，而且云南是全国植物种类最多的省份。“我所住的小区，也有500种以上野生和栽培植物。云南有我的诗人朋友和植物朋友，生活是多彩的，也不会寂寞，即使在这里再活三辈子都拍不完。”莫非是天问诗歌艺术节的常客，在第一届天问诗歌节上，他和潘洗尘等诗人朋友，将“诗人必须认识24种以上植物”写进了《天问诗歌公约》，一时舆论哗然。

“为什么是24种？我们想，一年有24个节气，每个节气显示着自然的变化，也对应着植物的变化。诗人是自然之子，起码要认识24种吧？”莫非认真地给笔者解释。为什么喜欢微距拍摄？“微距，抓捕的是细节，细节刺激想象力，没有细节，就没有想象力，只有细节才能对写作构成张力。”莫非认为所有植物都是不死的，拍摄植物是一种治疗。“离开荒野，才觉得自己是丧家犬。”为了拍残荷，冬天他掉进水里，衣服湿透了，也不觉得苦，“只有发现的兴奋”。

忘我的拍摄也给予莫非莫大的馈赠。三个月时间，在厄瓜多尔的安第斯山地拍摄，居然治愈了他多年不能平着身板睡觉的顽疾。“我从小有心脏方面的小毛病，只能侧睡，在海拔4000米左右的山地持续拍摄野生植物，可能扩张了我的心血管。”

莫非在野外拍摄，从不走重复路。他的诗人本性在这里表露无遗，“下一次，宁绕弯路，也不走熟悉的捷径，走捷径，就少了惊喜的发现”。在他看来，自然的奥秘，其实就在表面，而不是在深处，只要用心，就能发现；“上帝不会把好东西藏起来，我们没有发现，是因为没有专注，我们总是匆匆忙忙的”。

“摄影这个行当里的确有些玩家。玩家就是有工夫认真玩并且把摄影不当一回事儿的人。没有心无旁骛一意孤行不管不顾的精气神，是玩不到家的。那精气神里最宝贵最难得的是孩子气。”莫非认为，孩子气地玩，海可以阔，天可以空；“孩子气地看，一只蚂蚁是大象，一头大象是小猪，能跑到比永远还多一步的地方”。

莫非现在也在写诗，每年参加天问诗歌艺术节，总能碰见20世纪80年代的诗人朋友。莫非很认真地说自己大半辈子没干过什么有用的事情，只是全身心投入自己热爱的东西，“因为其他什么对我不构成刺激”。他从不抱怨诗人的生存环境，“保存种子的最好办法就是播种，诗人是无法栽培的，顽强的就生存下来，脆弱的，就淘汰了，要么随风而生，要么随风而逝”。

莫非，著名诗人、摄影家、博物学爱好者。已出版诗集《词与物》《莫非诗选》等。作品被译成多种文字并入选多种国内外诗歌选本。在他看来，诗人应是自然之子，而自己的植物微距摄影亦是一种诗歌表达。

冷看世道人心

他们关心世俗，但拒绝从俗；他们喜欢被市场拥戴，但他们耻于被市场牵引。他们开心地制造传奇，他们常怀“不忍”之心。

这个已将整个青藏高原视为故乡的作家，在《尘埃落定》引爆图书市场后，自动撤离熟悉的地盘，他不想重复自己，既拒绝别人把他当作民族文化的代言人和守护者，亦警惕他者对异域的文学想象。

阿来：清醒地游吟

2015年7月，作家阿来走进丰收季。刚从甘孜游历归来，背上镜头，飞往巴基斯坦，身后就传来四川省作协筹备设立“阿来工作室”的新闻；继在国内两大纯文学期刊《人民文学》《收获》上发表他的中篇小说《蘑菇圈》《三只虫草》引起评论界瞩目之后，出版单行本亦在计划之中；重庆出版社高调策划包装他的散文创作精品，命名《语自在》，分为“大地的咏叹”“草木之名之美”“病中读书记”三辑。阿来昂首走过，他早已声称对速度不会迷恋。这些接踵而至的声誉，于他是耳后的风。他视整个青藏高原为自己的故乡，但他拒绝藏族文化代言人的界定——“我们写的地方首先是地球上的地方，我们写作的眼光要放远一点。自己首先是个地球人，才是国家的人、民族的人”。

阿来当然明白这一创作态度和文化心理，会招致一些人的反对。“我很幸运，文学对我来说是自我消毒的过程。”从一个一天砍五百斤柴能换五块钱的放羊娃成长为最年轻的茅盾文学奖获得者，阿来在感恩命运馈赠的同时，坚持仰望星空，“文学应该是有超越性的，就像我们听交响乐时，那个突然出现的铜号的声音，就像在云端，引领的，神一样的”。

四处漫游，然后歌唱、写诗

飞国内航线，阿来一般会要一个靠走道的座位，为的是进出方便。只有去西藏，如果坐飞机，他都会要一个靠窗的座位。航程到一半，就是他凭窗眺望的时间了。“机翼下，一座座雪峰涌现，让人联想到佛教色彩浓重的藏文表达里的修辞，正该说是一朵朵吉祥的莲花浮现。”

云朵下，在紧邻四川盆地的横断山区的幽深峡谷里，有阿来熟悉的牧场、村落和城镇。阿来五六岁开始放羊，村上的小学，只有两三间校舍；要读中学，则要翻山越岭一百多里。每逢寒暑假回家，阿来都要帮家里干活，上山采草药、打柴，“冬天砍柴卖掉，一分钱一斤卖给别人”。

一次，阿来在放羊的路上偶然看到一张报纸，上面有关于京剧《沙家浜》的报道，“它跟我在学校念的毛主席语录很不一样”。阿来被方方正正的汉字牵引，认为组合文字是高级智力游戏，他承认这是自己接触到的“首部文学作品”。

从马尔康师范学校毕业后，阿来被分配到一个比自家村庄还要偏僻的山寨，成为一名乡村教师。那时周围有人喜欢舞文弄墨，阿来不太服气，他自觉可以写得更好。一首诗《母亲，闪光的雕像》诞生。在朋友的鼓励下，阿来投稿了。诗顺利地在《西藏文学》发表。阿来用人生第一笔稿费，请朋友们打了牙祭。

1984年，因为经常发表诗歌作品，阿来被调入阿坝州文化局，担任杂志编辑。那时阿来已经大量阅读国内外文学作品，对惠特曼和聂鲁达尤为推崇，“一个在北美大地上，一个在南美大地上，四处漫游，然后歌唱、写诗。我觉得找到了两个导师”。

他们游吟式的生活方式，点燃了阿来血液中潜流的野性。阿来亦在阿坝州开始了“苦行僧式的漫游”。漫游的成果是阿来用汉语写成了两部书，一部是描写故乡母亲河的诗集《梭磨河》，一部是小说集《旧年的血迹》。

那时，阿来被周围人理所当然地看做作家。“这个时候我非常惶恐，我真的是一个作家吗？”阿来告诉笔者，当时他就突然开始追问自己这个问题。“现在出门动不动就有人介绍，这个是作家，那个是作家。似乎写字出书的人，就是作家。”在阿来心目中，作家是书写文学经典的人，譬如李白、苏东坡、托尔斯泰、海明威等，“说起作家，让人马上想起天上的星星”。阿来看过很多被称为作家的人写的作品并不值得尊敬，跟阅读过的经典作品，相差十万八千里，“如果写的结果就是成为这样不被尊重的人，那我宁愿不写”。

那该如何写？阿来有两三年的时间，封笔阅读，苦苦思考。他需要验证一下，自己能不能成为作家，自己有没有那样的潜能。

怎么证实呢？这时，阿来又开始向导师致敬——走向广阔的大地，“看能不能与之共振，与之相互感应”。阿来用一年时间走了将近三万平方公里，出发时，他对妻子说，回来后有两种可能，一个是我继续写下去，一个是我到此为止，一个字不写，回去当老师。

1994年春天的一天，游历归来的阿来忽然感觉可以开始写点什么了。他端坐于一台286电脑前。窗外，山坡上一片白桦林生机勃勃；杜鹃啼鸣，声声入耳。在大地复苏、万物萌动之际，他恍然有如神助，思绪款款流淌，多年来的阅读积累和生活体验梦被点醒，于是，他敲下了《尘埃落定》的第一行字——“那是个下雪的早晨，我躺在床上，听见一群野画眉在窗子外边声声叫唤”。

5个月后，长篇小说《尘埃落定》完成。推窗望外，草木葳蕤，鸟鸣婉转，阿来感觉此生可以继续写作。那年，他35岁。

小说创作，是一场刻骨的恋爱

《尘埃落定》的发表，亦是一波三折。1994年写完，1998年出版。其间，《尘埃落定》辗转多家文学期刊和出版社，有的杳无声讯，有的要阿来修改，阿来表示，除非错别字，其他一个标点都不想动。后来《尘埃落定》被人民文学出版社的编辑拿走，编辑判断是部好作。在编辑的力荐下，首印5万册，结果面世第一年，就创下了销售20万册的奇迹。“后来有文学期刊选登了我的小说，国内很少出现这种先出书、后在期刊发表的出版现象。”阿来向笔者回忆，有的期刊编辑因当年看走眼了《尘埃落定》，被领导勒令在会上自我批评。

2000年，阿来凭借《尘埃落定》荣获第五届茅盾文学奖，成为此奖史上最年轻的获奖者。评委认为这部小说视角独特，“有丰厚的藏族文化意蕴。轻淡的一层魔幻色彩增强了艺术表现开合的力度”，语言“轻巧而富有魅力”“充满灵动的诗意”，“显示了作者出色的艺术才华”。

接到获得茅盾文学奖的电话通知时，阿来正在南京参加书展。那时，他离开阿坝高原已四年，在成都的一本杂志《科幻世界》工作。在南京书展上，阿来的精力都放在新杂志的推广上，想赶紧拿个几万份的订单。他当时都没反应过来。阿来回忆说，“记得有美国的《新闻周刊》笔者来采访我，问我怎么庆贺。我说难道要我停下手中工作，摆拍一个我欢呼雀跃的镜头？这个我做不来。”

2005年，阿来又推出了长篇小说《空山》。阿来对《空山》的满意度胜过《尘埃落定》。他认为《空山》不论在写作技巧，还是故事叙述方面，都比《尘埃落定》娴熟。2009年阿来出版《格萨尔王》后，感到真的有些累。相比其他作家的长篇写作，阿来的“产量”不算多，甚至有点歉收。阿来说，“就像轰轰烈烈谈过一次恋爱之后，马上又开始和另一个人再这么刻骨铭心地来一次，我做不到。小说写作对我来讲，不是这么简单的事。”

对阿来而言，文学创作必须融入个人深刻的情感体验，书写中自然就有巨大的情感投入。所以，每当他写完一部作品，都不能马上就进入下一部作品的创作。

为了全身投入《空山》的创作，阿来舍弃了薪酬丰厚的工作。其时，《科幻世界》在阿来手里由一本杂志变为三种，成为世界上发行量最大的科幻类杂志。“我们当时已经做好了小公司上市的所有准备。”不少成都作家还记得那时的阿来在各种场所表现出的那种宠辱不惊的“老大”气度。

大自然里，可以真正地放松

“寂静/寂静听见我的哭声像一条河流/寂静听见我的哭声像两条河流/我是为悲伤而歌，为幸福而哭/那时灵魂鹰一样在群山中盘旋/听见许多悄然而行的啮齿动物/寂静刺入胸腔仿佛陷阱里浸毒的木桩/寂静仿佛一滴浓重的树脂/粘合了我不愿闭上的眼睑”。

这篇名为《群山，或者关于我自己的颂辞》的诗篇是阿来1985年5月在四川九寨沟写就的。那时阿来以诗人形象出现在阿坝文坛。阿来对自己的语言感悟力非常自信，他曾说：“我是藏族血统，可是比很多汉族人更热爱汉语。汉语是中国人祖先伟大的、目前唯一完整留存的珍贵遗产，在有些人那里却一再受到污染。我力求自己作品中的汉语是纯净、优雅的，犹如我童年时代的大自然。”

阿来少年时代在“文化大革命”中度过，目睹过人性之恶。有人问他为什么他没有变成坏人，阿来认为，这得益于身边美丽纯净的大自然：“它摆在那里，就是一种震慑。”被壮美的大自然和优美的汉字震慑，阿来以诗为犁，划开了个人文学长跑第一步。“有一回，我碰到一个美国人。他一直看我的中文作品，尤其喜欢我诗歌中的语言。我真正的读者都是这样，读我作品的原因不仅因为题材，更因为语言。”

之所以从诗人转向小说家，阿来解释：“更多的是源于自己对民族历史、大地的思考和困惑，想的问题越来越多，诗歌已经容纳不下很多‘非诗’的思考了，只好用小说把这些想法记录下来。”在他看来，小说可以吸收来自诗歌的意境，吸取诗歌的洗练、词锋、意象等。

从高原乡村一路走来，荣获过国家级文学大奖的殊荣，赢取过期刊经营的成功，阿来身处剧变的商业社会中，八风吹面，他自岿然。阿来有能力消化扑面而至的变化，既坦然享受雪茄和咖啡，又能时刻警惕名利的诱惑。一度传出他要写《尘埃落定》的续集，但他明确表示不想在熟悉的地盘上重复制造，即使明知在《尘埃落定》之后，《空山》和《格萨尔王》不再“受宠”。“我想，不管市场提出怎样的要求，比如假批判现实之名行黑幕的窥视；比如借想象之名而逃避沉重的现实去致远致幻，我的写作之路已经选定，我还将在自己的道路上摸索前行。”

写作的间隙，四处漫游，是阿来保持多年的习惯。阿来不喜欢去城市，去城市，他有紧张感。“城市有规矩，和各类认识不认识、 喜欢或不喜欢的人接触，不自在，没有真正的放松。而去大自然，一个人或几个朋友，在宁静的地方，搭个帐篷，遥望星空，聆听原野声音，多好——既能欣赏大自然各种美，又不妨碍原来的思考。”

阿来出门，总是随身携带几本书，但走到任何地方，完成工作之后，他往往选择去当地植物园看看植物，或者随处游走、观察植物。他说他认识几千种植物，他对每一种植物都有生动描述。为给植物留影，他总携带长短不一的相机镜头。有朋友“投诉”，一次游玩，大家看他“武器”先进，就喊他帮忙拍个照片。阿来不做声，举起相机。等朋友跑来看阿来的相机时，却一张也没有拍。这时他会笑笑说：“花草树木，总是比人更好看。”

不做“沉默的大多数”

对变化的世界，阿来审慎地观察。阿来的家乡在一个川藏茶马驿道上，聚集的是开骡马店，开饭馆，做着种种生意的人家，一度生意兴隆。阿来少时，一条公路的出现改变了一切，驿道荒芜了。“传说中，那些萎顿的、贫寒度日的村中长辈，曾经是见过世面行过江湖的掌柜和老板。我没有经历过那种传说中的繁华，却十分熟悉那种繁华过后的孤寂与困顿，和那些枯萎的人生。”

而这种公路的建设席卷全国。在甘肃的一次游历中，阿来无限感慨。甘肃省武威市的乌鞘岭，是历史上著名的关口（过了乌鞘岭，就是漫长的河西走廊）。阿来在这里看到了故乡的翻版故事。路上，当地朋友指给他看路边一掠而过的灯火稀疏之处，说，那是没有高速公路时，从武威去兰州吃中饭的地方；又过一处冷寂下来的小镇，说，那是过去停车吃早饭的地方。阿来不胜感叹：“如今这些地方沉寂了，一个时代的前行与进步，总是以抛弃一些地方、一些人，忘记一些人、一些地方，作为必须的代价。”

阿来说他并不反对高速公路，更不反对时代进步。反对的是这种进步只是由一部分人来分享，而另一部分人却要被遗忘。“我们读着这个进步时代的几乎所有文字，几乎都是受益者的欢呼，却未见对那些被快速的时代列车甩在车外的人们的描述。在中国的车站上，行驶的车速度越来越高迈，但不是所有人都能顺利地登上这些去往远方的列车。”

这是阿来式的忧伤。

20世纪80年代，很多作家都上了作家班，北大作家班、武大作家班，以及鲁迅文学院等，作家们于是有了“同学聚会”，阿来不报名，也没有这个要求。他觉得那些内容通过自我学习就可以达到。“不是理科，必须在某个国家的实验室才能学到。我就想自己学，剩下的东西就是人际网络的建设。我觉得我不追求这个。”他说，选择写小说，就觉得这是可以靠个人能力达到的。如果见了谁还要点头哈腰，早就放弃了。

这是阿来式的坚持。这样的坚持，在2014年鲁迅文学奖公布之时得以激烈爆发。在鲁迅文学奖报告文学奖项角逐中，阿来的长篇非虚构作品《瞻对》在评委投票环节获得0票。阿来对此结果表示抗议，并通过媒体表示将追问到底。有很多人劝他加入“沉默的大多数”，不然就是永远自绝于这个奖项。但他坚信，这不仅仅关乎他个人的短暂的终将消失的荣誉，而更关乎社会的正义。不久，他真的发表了一篇长达3000字的声明，文中就评奖体例、评奖程序和作品质量三问鲁奖。阿来回忆，“尽管事后有人和我电话沟通，但我对这次评奖依然保留原来的态度。”

拒绝“妖魔化”和“浪漫化”

“过去的藏族人民对自己的书写是严重缺乏的，主要由外部书写实现。我查到了最早的源头，大概是在元代。关于西藏，元代有两种书写。”2015年4月26日上午，受第十三届华语文学传媒大奖组委会邀请，阿来在广东省顺德北清晖园举行题为“民族身份与文学想象”的讲座。在讲台上，阿来说，据他考证，当时罗马教廷派两个传教士到中国宣传教义，回去写了一本《蒙古行记》，大部分都写得很真切。他们虽然写到了西藏，“但据我后来对路线的考察，他们其实没到西藏，他们的西藏书写是基于传说写的。我背过原句：‘请不要以为那些人会为他们父母的死去而感到悲伤，他们马上会因为家里有人死亡而进行一场狂欢。’为什么是一场狂欢？因为他们会邀请他们所有的亲戚朋友把刚刚死去的人吃掉。这大概是西方人第一次关于西藏的书写。”

没有多少年，马可·波罗来了。据阿来考察，他其实也没有到过西藏，但《马可·波罗游记》里也有关于青藏高原族群的事迹。他说，只要陌生人去当地人家投宿，酒饭招待不算，风情万千的女人们一定会带如花似玉的处女给客人享用，如果他们喜欢，还可以带走。

从这两本关于西藏的书写，阿来看出两种趋向：一种妖魔化，一种浪漫化。阿来认为，在整个对西藏的文学书写当中，长期以来存在两种遮蔽。一种是男权主义对女性的遮蔽，一种是强大文化对弱小文化、弱小民族的遮蔽。前者阿来称自己没有发言权，后者他引用了萨义德“东方主义”的理论来阐释。东方主义的一大特征，是把他者描绘成异域。敌意、危险、邪恶、野蛮，这样一组词构成了关于异域的想象，但是它实际上叫敌视。另外一组词才叫异域——纱幕、宫廷、美食、美女，但这些都必须供给外来人无限地享受。“从古到今，关于远方的书写，可能一直就是这样的状况。”

阿来出生在大渡河上游一个偏僻的藏族村寨。1998年出版的《尘埃落定》使他名满天下，他以西藏历史文化题材见长，日后出版的《空山》《格萨尔王》均受到读者追捧。阿来站在熟悉的故乡大地上，自觉开始了文化的对话与沟通。“不仅是西方人看东方，东方人看东方也会有同样的问题。”阿来说，这次参加华语文学传媒大奖活动，他随手就带一本名叫《消失的地平线》的书。《消失的地平线》是由詹姆斯·希尔顿著作的小说，主要讲的是20世纪30年代，四名西方人闯入了神秘的中国藏区，经历了一系列不可思议的事件。这部书发现了一个西方乃至世界的“世外桃源”——香格里拉。阿来重读这本书，想以此了解西方人对藏文化的叙述策略。

在阿来看来，如何消解对藏地“妖魔化”和“浪漫化”的书写，是他作为作家的价值之一，“我可能给不出答案，但我要通过走访相关的国家，到那些有宗教与种族、与文化冲突的地区或国家看看，我愿意去冲突的现场和底层，了解那里百姓的日常生活”。“藏族经验，汉语写作，将藏族语言优秀基因导入汉语及其文化。”阿来说，这可能就是他的文化使命。

2015年6月2日下午，巴基斯坦作家代表团到成都访问。6月1日晚得知巴基斯坦作家要来，阿来一晚都在想：“我接触过什么样的巴基斯坦文学？”一番搜索之后，原来中文世界里，并没有太多关于巴基斯坦的介绍。阿来感叹：“我读过的关于巴基斯坦的文学作品，其实都不是巴基斯坦本土作家写的。”阿来说，他刚好有计划要访问巴基斯坦，带着文学家的目光去发现另一种语言和文化的魅力。

[对话]重新发现本土

写过的作品，不会再去改动

笔者：你最近在忙什么?

阿来：3天前刚从甘孜回成都。在海拔4000米的山上发呆，拍植物，拍到了过去没拍到的三种植物。西藏的植物容易凋谢，错过了季节，就错过了花开的精彩。

最近确实在创作新作品，不过是两部作品同时进行。一个作品是给网站写的思想性随笔，另一部作品是小说，也是有关藏区题材，基本情况暂时不透露，保留点神秘色彩。两种风格不一样的创作相互切换，不会让我那么累。

笔者：《尘埃落定》是你个人写作史上最重要的一部小说，你由此走向全国。现在回头看，在创作上，你觉得它还有什么缺憾吗?

阿来：没有。我写完一个作品，从不修改。它已完成自己的生命和使命，是完整的有机体，我不会再去改动它。《尘埃落定》当年的出版，遭遇波折，有的不是直接退稿，编辑说你改改吧，一二三提了很多意见。我那时比现在说话还冲：你可以不出，要出就只改错别字，因为我不能保证我每个字都敲对。

笔者：在写《尘埃落定》和《格萨尔王》时收集材料，你一般都会收集哪些方面的资料？会请教有关专家吗？

阿来：各类地方史料，包括地方志和各种档案；也去民间采风，接触各类人物。我会按专门领域收集资料。写《格萨尔王》这部作品，我准备了三年，包括大量的案头工作，阅读超过两百本书籍，包括史料与口头传说，并采访几十个民间艺人。创作应先把事情来龙去脉搞清，不然写作是一个令人无趣的事情。

我不一定找专家，专家最好的成果，就是他们的代表作了，我去看他们的书就可以了。向他们直接请教，因时间和情形所限，专家可能不在状态，所获不一定令人满意。

创造自己的声音，找到自己的身份

笔者：你对拉美文学也很了解，从中你学到了什么？

阿来：在我看来，要想创作出有影响力的作品，我们要具有重新发现本土的精神，也就是说要必须站到一定的高度去，超越前面作品早就有的框架。提到魔幻现实主义，大家都知道马尔克斯，因为他是魔幻现实主义的代表作家，他的最大成就不在于写了《百年孤独》，而是在于他让拉丁美洲文学，开始摆脱其他地区文学框架，真正有了属于自己的本土气质。他们以前的状态就是模仿其他国家，别人写什么他们就写什么，跟我们现在作家的状态非常像，走不出来，永远都围绕老套路转。西班牙写什么他们就写什么。越写越烂。怎么反抗西班牙文化的遮蔽？唯一方法是创造自己的声音，找到自己的身份。

拉丁美洲的作家在印第安文明里发现了文化的源头。印第安文明是蒙昧时代的产物，他们相信世界上有地狱、有天堂，有神界、有人界。后来，胡安·鲁尔福写出了《佩德罗·巴拉莫》，一个人鬼交融的故事。马尔克斯那时候还在做笔者，住在一间小破楼里。他回忆说，有一天，朋友带来一本薄薄的书扔在桌上，说："看看吧，一个新世界开始了。" 然后魔幻现实主义如火如荼地展开了。在墨西哥首先出现了现实主义作家向超现实主义的转型，然后出现了福恩斯特、阿斯图里亚斯、卡彭铁尔、略萨、博尔赫斯。我们称其为拉美文学爆炸。这就发生在中国"文化大革命"时期。马尔克斯并不承认魔幻现实主义，他认为这就是拉美的现实。魔幻现实主义不过是西方对他们的命名。

笔者：现在推动你写作的动力真的和开始写作时一样吗?

阿来：有一样的，也有不一样的。写作是为了寻找生命的意义，为了寻找个人与世界之间的关系。这和过去是一样的。现在一切都拿成功来衡量一个人的职业价值。在文学上，说你成功，有两个指标，一个是获奖，一个是赚钱。但这都不是文学的本体与本质。我拿过茅盾文学奖，书也卖得不错。在这个层面上，我不像过去那么看重外在的成功。现在我更加重视对文学本体性的追求，艺术上的不断创新，是我过去和现在都一直看重的东西。文学家应该是为创新与探索而生的，而不是为版税与获奖而挣扎。

笔者：你现在经常与国外的文学同行交流，哪次出国交流给你留下深刻的印象?

阿来：读他们最好的作品，是最好的了解，吃过鸡蛋，我对下蛋的母鸡没什么兴趣。现在我也成了所谓名人，也会遇到有人说要见我，我就纳闷，我有什么好看的，要了解我，就看我的作品。所以，我对喜欢的作家，也没多大交往的兴趣。现在不像过去，用书信交流，以此维系彼此的关系。而现在要么打电话，要么邮件，过程都很短促，关系点到为止。

笔者：写小说多年，一部好的小说，在你看来，应该具有什么样的品质？

阿来：一是对小说的艺术本体有不懈的追求，能不断地创新。这个与做商业不同，商业要有模式，有了模式就不断地重复，虽然这个重复中也有创新，但总体是重复的比重更大些。但文学艺术永远是被创新驱动而拒绝重复的。二是题材要有很深的拓展和挖掘。作者需要对复杂人生，对当下社会，对错综历史有深刻体验与了解，要有直面和表达社会问题的勇气。这种勇气，不只面对微妙而敏感的政治风险，还有变化多端的商业风险。

对理所当然的事情学会反抗

笔者：你满意自己目前的创作节奏吗？

阿来：满意。阅读、写作、出游，这是我的生活三重奏。我不是高产的作家。从《科幻世界》辞职后，我就下决心把精力投入文学创作。我关注的目光依然落在青藏高原上。青藏高原，在文学意义上，没有真正地被彻底书写过。

笔者：去年鲁奖评选，你被读者看好的作品《瞻对》落选。事隔多日，你怎么评价？

阿来：他们也和我沟通过，但事情已经过去了，又能怎么办，不可能让人家再评一次。过去我们对文学评奖报以很大期待，以为这是一片圣土，他们在褒奖有勇气有良心的文学创作行为，但现在看来，在社会存在腐败的情况下，文学评奖，也不可避免。

笔者：现代性是整个人类不可避免的普遍命运，你曾说，对于它，我们除了接受毫无办法，那作家何为?

阿来：有时我们对现代性有一种不正确的追求，而路径选择的错误曾经让我们付出了一些过于惨重的代价，我的书写总是意图对我们认为理所当然的事情进行反抗。中国作家，当然要书写中国故事。中国故事里一定包含对中国问题的探究，对中国问题的焦虑，对中国问题的追寻，对中国问题的解剖，但不一定是答案，作家不是答案提供者，但至少我们要呈现真相。

至少，我们作家应该保持对中国问题的关注。归结到我自己的写作，我想一个大的问题就是在今天，中国人不得不问自己什么是国家。因为中国是个多民族国家，我们并没有认真准备好说说多民族国家究竟应该是什么样子。

我想今天还没有人能给我们提供这样的解决方案，我会再去寻找。如果我们只是依托后殖民理论来认识国家和民族问题，在中国我们可能会得到恰恰相反的效果，更何况这个理论本身也是阶段性的，在西方它也在不断被反思和修正。

阿来，著名作家，第五届茅盾文学奖得主。1959年生于四川省马尔康县。1998年出版的《尘埃落定》使他名满天下。他以西藏历史文化题材见长，主要作品有诗集《梭磨河》，小说集《旧年的血迹》《月光下的银匠》，长篇小说《尘埃落定》《空山》《格萨尔王》，非虚构历史作品《瞻对》，散文集《就这样日益在丰盈》等。阿来曾在《科幻世界》工作，由编辑到社长兼总编辑，《科幻世界》在他的带领下，成为世界上发行量最大的科幻类杂志。

因《国画》他声名大著，因《大清相国》他被热议，他痛恨“中国官场小说第一人”的标签，他最看重的是自己2014年获鲁迅文学奖的《漫水》那样的乡村叙事小说，以及同年出版的爱情小说《爱历元年》。他总是有所保留地面对鲜花和掌声。这个自言“很守规矩的人”说：“野兽见得很多，我却不愿意在作品中直接描写，因为心有不忍。”

王跃文：心有不忍

“诗歌是大雅，小说是大俗，今天是大俗向大雅致敬。”2015年1月11日下午三点半，在长沙一间古雅的茶楼里，被掌声推上发言席的王跃文一如既往地低调而幽默。言毕，他向台下弯腰。致敬的对象是王跃文的大学同班同学。为出席同学的古体诗新书发布会，王跃文特地从2015年北京图书订货会赶回长沙。在那里，他是书商和读者的宠儿。1月8日，他收到了著名文学评论家雷达的一句评论，喜悦满怀——“与村上春树的《挪威的森林》相比，我更喜欢王跃文的《爱历元年》”。

2014年，值得王跃文喜悦。此年,他因作品《漫水》获得鲁迅文学奖，他出版了被读者热捧的长篇小说《爱历元年》，被王岐山推荐的历史小说《大清相国》仍在持续热销……

这个被书商冠以“中国官场小说第一人”的作家，确因官场小说《国画》被国人熟悉而得大名，但他在接受笔者采访时，直言他非常讨厌“官场小说”这个标签，“我把‘官场文学’四个字，看成是外界硬贴在我背上的狗皮膏药，我撕了多年都没有撕下来”。

让王跃文郁闷的不只这个。“最不靠谱的是百度词条。百度词条上关于‘王跃文’的内容太多错误和不确，我提供了修改文字过去，却被认定为资料来源不可靠，不予采用。”王跃文感叹，“我不知道世上还有谁比我更清楚王跃文是谁。”

面对公众盛赞《大清相国》之于当前反腐的价值，他一再强调：“我只是个写小说的。”

“无病呻吟，却有大痛”

“签名售书这事儿，我基本上是一只猴，出版社是那牵猴的人。”王跃文随和地在微信上自嘲。为2014年新作《爱历元年》签售，王跃文不记得自己跑过多少个城市。不过，他甘心为这本自己至今最为满意的作品四处奔走。《爱历元年》通过描摹一对夫妻的情感婚姻生活轨迹，回望中国人过去30年间的精神走向、情感形态。新年伊始，他应读者要求蹲在出版社仓库签了一万多册书。不期然，他的签名书在网上被热炒，每本书的售价被抬到150元。对此，王跃文颇感无奈。

《爱历元年》从动笔到收尾，王跃文共花了七年，这期间更多时间不是用来写，而是在思考。“当社会被种种洪流裹挟的时候，当所有人都貌似向前狂奔的时候，我愿意慢下来、停下来甚至往回走，来看看那些狂奔的人都丢失了什么。”

他总结这部小说是“无病呻吟，却有大痛”。“无病之病，是为大病。我们从身体到心理，从精神到灵魂，是不是有病？我们还会不会懂得痛？我想同读者朋友们一起喊一声痛，一起面对我们必须面对的人生。这部小说会叫人感觉到疼痛，却又有温暖，有爱和救赎。”

《爱历元年》之火，让读者诧异王跃文转型之快。在1999年出版《国画》，一炮走红后，“中国官场小说第一人”的帽子就扣在他头上。其后相继出版的《梅次故事》《亡魂鸟》《朝夕之间》等长篇小说及电视剧剧本《龙票》，其实并没有局限在“官场小说”领域。“作家的写作兴趣时刻变化，这是很自然的现象。我目前最感兴趣的就是写乡村。我过去从未因为写作失眠，2012年底却因写完中篇小说《漫水》而通宵睡不着。我按捺不住激动和兴奋，知道自己写了一部非常好的小说。”

“我只写过九部长篇小说，二十几部（篇）中短篇小说。”王跃文在微博上说，“但是，别人替我写了两百多部长篇小说。难怪，常有读者在网上说我的小说写得不好。东北某大学一位教授在论文里先充分肯定了我的创作，然后指出几点不足，举例全是别人替我写的小说。”王跃文在一次文学讲座时调侃说，你们看了署名王跃文的小说，写得好的就是我的，写得不好的就是冒名的。

这个出生于湖南溆浦的农家子弟，自小对书有着天然的兴趣。“我在大哥的床头发现一套连封面都不完整的《红楼梦》。当时我只有十二三岁，读不通那套竖排的繁体字书，就半认半猜地看。有意思的是，看到书中女孩子用的人称也是‘他’，我颇为不解。”这是他碰到的人生第一本文学名著。

文学，尤其是官场文学让他爆得大名，但亦给他带来不祥。“《国画》是我的第一部长篇小说，也是给我带来最大名声的小说，同时也是给我生活造成巨大困扰的小说。我离开政府机关成为职业作家，最直接的原因就是这部小说的出版及走红，但放在桌面上说任何人都不会承认这个原因。”

他没有影射谁，但似乎又有人觉得受伤了。初入官场时，母亲告诫他“紧闭言、慢开口”，王跃文说他“理解，但没有听进去”。父亲在反右运动中“因言获罪”，母亲不愿意看到父亲的命运又降临在儿子头上。王跃文告诉笔者：“不久前，我在某刊上读到有人为反右辩护的文章，我欲唾其面。目前至少从网络上看，人们对诸多问题的认识很纷乱。我讨厌在网络上划成分的做法，这是‘文化大革命’遗风。为此，我公开在微博上表示，我的眼里无所谓左派或右派，只有正派和不正派；也无所谓公知或母知，只有良知和无知。我讨厌任何政治标签的命名，惟愿秉承良知，正派做人做事。”

“我只谈文学，不谈其他”

“我应邀到山西晋城市、阳城县讲学。鉴于我创作了长篇历史小说《大清相国》，阳城县政府授予我荣誉市民称号。我也算阳城人了，欢迎朋友们到我的家乡做客，游览三晋名胜皇城相府！”2014

年9月12日，王跃文在他的微博上写道。9月11日，王跃文重访山西皇城相府景区。皇城相府是王跃文的长篇历史小说《大清相国》主人公、康熙帝师陈廷敬的故居。

早在2006年，王跃文就曾到皇城相府对陈氏家族，特别是陈廷敬进行了深入研究，并写下了长篇历史小说《大清相国》。多年后重游皇城相府，王跃文还有另外一件重要的事情，那就是为《大清相国》搬上银幕踩点。

陈廷敬入仕53年，历任康熙帝师，工、吏、户、刑四部尚书，官至文渊阁大学士，晚年任《康熙字典》总修官。在王跃文眼里，陈廷敬除秉承中国正统儒家文化，为官讲究忠义、仁爱、清廉，才能卓越之外，身上还有一种十分可贵的品质——实干而低调。自古清官多酷，他是个清官，却宅心仁厚；好官多庸，他是个好官，却精明强干；能官多专，他是个能官，却从善如流；德官多懦，他是个德官，却不乏铁腕。

2013年，中央纪委书记王岐山向下属推荐阅读《大清相国》。该书与《旧制度与大革命》《第三次工业革命》等书一样，成为领导人荐书的热门书目，一时洛阳纸贵。2014年，中央国家机关把《大清相国》列为读书活动推荐书籍。

仅2014年，王跃文就接到了十多次邀请，先后去过黑龙江、山西、广东、四川等省作报告。王跃文观察到一个有趣的现象，假如是图书馆举办的讲座，互动环节听众提问相当踊跃；而党政机关举办的讲座，一般是没有人提问的。“后来，我去党政机关讲座，干脆建议他们不设互动环节。”

至于讲什么，王跃文说，“我只从《大清相国》小说讲起。我做的是文学讲座，听者各有所获。爱好文学的听的是文学，爱好历史的听的是史学，公务员们可以听成是廉政讲座。我只谈文学，不谈其他。”

王跃文告诉笔者：“我固然知道，现代社会靠的是制度和法律，陈廷敬在反腐治贪中也有自己的时代局限性。但陈廷敬身上清正廉洁、勤勉为政的品质是哪个时代都需要的。”

王跃文称，经常听到一些官员抱怨“大环境不好”“身不由己”。他说：“古语有云：移风易俗，每世一变。意思是说，大约每30年，整个社会的风气、时局就会发生大变化。但是无论社会如何变化，正义、公平、民主等大道都不会变。”

“好玩的人，必是元气丰沛”

“米卢虽廉颇已老，仍是中国球迷的偶像。今天同老先生共进晚餐，引来观者如堵。”2014年7月4日，王跃文在巴西发出这样一条微博。

足球，是王跃文业余最“专业”的爱好。2014年夏天，他受某门户网站的邀请去巴西看球。他一边自谦不懂球，一边辩白：“世界上真有懂球的人吗？”

在世界杯开幕式那天，王跃文在山西某大学作有关《大清相国》的演讲。在晚饭时王跃文信誓旦旦地说，熬不了夜，不凑热闹。可是回到房间，仍惦记着那场盛事，便定了凌晨三点的闹铃。“我偏是个心里装不得事的人，又有长年失眠的宿疾，躺在床上一分钟都没睡着。不如起床打开电脑刷屏。熬到三点钟左右去开电视，却怎么也没办法让电视屏幕亮起来。打电话给酒店总台，回答说：师傅已经下班，明天九点后才有人来看。我想，明天九点我已在赶飞机的路上了。”

王跃文说他在家是不看电视的，酒店的电视也很少开。“按遍遥控器上所有的键，电视机都黑着脸不理人。”看着时间分秒消逝，他急得满头大汗。“像困兽似的闹腾了半个小时，终于有了非常重要的发现：电视机的电源插头被人拔掉了！”

王跃文抱着好玩的心态，与足球周旋。有人问他：如果你可以为足球增加或修改一条规则，你会怎么做？王跃文郑重回答：我提议减小门框的尺寸。我们看过很多遗憾的一脚，眼看着要进的球偏偏射在门柱上。我每每恨恨地想，那么大的球门射不准，那么小的柱子怎么射得那么准呢？

网络上，这个在朋友眼里是球盲的人也不忘笑谈足球：“阿根廷为什么足球那么发达？中国十多亿人口的泱泱大国，7000名注册球员。阿根廷有54万注册球员，每25个成年男子当中就有一个。”他继续阔论，“阿根廷的气候非常适合踢球，不冷不热。但是有时候注意到足球掩盖了一些东西，这次世界杯南非同一时区的地区非常担心雇员看球的问题影响工作。我在网上查了下，我个人书籍的销量在世界杯期间下降了三分之一。”

王跃文常年生活在长沙，他已是这座城市的文化大牌，朋友之约，他尽量捧场。在同班同学的新书发布会上，一位慕名而来的读者，拿着发布会上领到的书，央求王跃文签名。“不好吧，这不是我的书。”好脾气的王跃文最后还是抵不住对方的恳求，认真地在书后签下他的名字。

王跃文充分感受着这座城市的文化调性与脾气。“长沙这地方，就是一座快乐大本营。电视节目还有时间段，生活却是竟夜永昼没有间断。有许多人，天南地北，五湖四海，飞到长沙，没别的事儿，就是来玩。”“长沙人虽说玩性大，玩的口味也很刁。不好好侍候着，还不跟你玩。长沙的娱乐业花样百出潮流不断，都因长沙多的是兴会无穷的刁钻玩家。”在王跃文看来，好玩的人，必是元气丰沛；好玩的城市，必是生机勃勃。

“有限度地描写着生活的不堪”

“有一年早稻秧苗刚长得三四寸，天气骤变寒风呼啸，我们生产队男女劳力扯起棉被围住秧田，田埂上还放了许多火盆。那时的人命贱，社员们通宵站在冷得刺骨的泥水里，居然没有人冻死。村上人如今谈起这事，说：当时的人蠢得像猪，上面喊做什么就做什么！”2014年9月25日22点，王跃文发出了这样一条微博，立时跟帖无数。

“真搞阶级斗争了，灾难不降到你头上，也会降到你亲人或朋友头上；今天不降到你头上，也许明天就会降到你头上。”王跃文的感受是深刻的，“我没出生的时候，父亲是个干部，等我出生父亲已是农民了。父亲说了几句真话，提了几句意见，就被打下十八层地狱。父亲不是个一般的农民，他是个戴着右派分子帽子的农民。父亲是右派，从小给我很大的心灵创伤。”

小时一旦和小伙伴吵架了，王跃文就怕人家骂他右派儿子。别人学他父亲被绑着跪在台上的样子，王跃文感到很屈辱。那时王跃文总跟着母亲去生产队开大会（地富反坏右没有资格参加），多次开会回家，推开父亲的房门，总能看见里面浓烟滚滚，父亲的脚边丢着一大堆烟屁股。“现在想想，那时候的父亲是一个被社会抛弃的人，他内心该多么痛苦！他被打成右派，年仅24岁。我现在觉得更可怕的是，当时像我父亲这样的人，他会真觉得自己有罪。”

王跃文说他从来不崇拜任何人，但崇拜他的母亲。“文化大革命”期间，有一次，父亲在大会上挨批斗，母亲当场举手请假。回家取了饭来，冲上台，对跪着的父亲说：“毛主席说了，吃饭是第一件大事。你饭也不吃，想自绝于人民？你马上把饭吃了，好好接受群众批斗。”干部没有办法，只好叫人为父亲松绑。全场几百人看着父亲跪在台上吃饭。“母亲真是个荒诞大师。”多年后，每每回想起这件事，王跃文不胜感叹。

荒诞的剧情继续上演。“这种卑微的、受压抑的出身，决定了我是个很守规矩的人。但是，人们印象中，我的小说似乎有些离经叛道，我是一个很不守规矩的人。只能说，我守规矩，但有些人不守规矩，我反而成不守规矩的了。”王跃文说他从来没有炒过股。最初是因为文件上说了，国家公务员不准炒股。所以，当所有同事都炒股的时候，他没有炒股。后来政策改了，说是不准处级以上领导干部炒股。“这时候，我仍然没有炒股。不是我提为处级干部了，而是我发现炒股根本就不是我该干的事。”王跃文跟同事开玩笑说：“第一，炒股赚钱是羊毛出在猪身上，我不想做猪，所以不炒股；第二，炒股本是投资，但中国股民炒股都是消费，而且是高消费。我消费不起，所以不炒股。”

“野兽见得很多，我却不愿意在作品中直接描写。因为心有不忍。”尽管如此，还是有人指责王跃文把生活写得颜色过重，“其实我没有勇气把真实的生活感受完全呈现出来，不是出于世故的怯弱，而是自己心底不能承受。我害怕描写黑暗的过程，也不忍把所见的真实的黑暗告诉读者。有时候，我有限度地描写着生活的不堪，内心却压抑着巨大的痛苦。因为，我知道真相，却不愿意说出来。”

“有教授问我为什么喜欢用反讽手法，米兰·昆德拉说，小说就是一门反讽的艺术。但坦率地说，我爱用反讽并非昆德拉教的，而是社会现实教的。我们当下这个社会，随处可见的是表面庄严神圣之下的庸碌世俗，冠冕堂皇之下的阴暗卑劣，一本正经之下的滑稽可笑。现实如此，作家想不反讽也难，想不荒诞也难！”王跃文曾在微博里如此说。

王跃文体会着这种拿捏带来的尴尬。“人最可悲的是活得不明不白，最可怕的却又是活得过于明白。后来，我把自己这种体验写进了长篇小说《国画》里。”在王跃文看来，活得过于明白同活得不明不白间的矛盾和困扰，也是常见的人生境遇，亦即人生尴尬。“社会很复杂，我们会面临各种意想不到的挑战，换言之也就会面临始料不及的尴尬。也许，不断把自己的尴尬写进小说，也就是同读者一起体会人生之甘苦。”

2015年元旦期间，王跃文回老家，接80岁的父母来长沙。一路好山好水，轻车已过重山。母亲不明白为什么快多了，父亲悬掌比划说：“原来走在弓上，现在走在弦上。”王跃文很是欣喜父亲的机智，赶忙将这个对话发于微博。这个吃过很多苦、让儿子小时候很怕的老人，晚年得以安心享受儿女的贴心照顾。

如今，走在弦上的，还有王跃文的创作状态，继《爱历元年》之后，他新的一部作品正在创作中。读者眼中王跃文在一步步地自我超越，从类型到质量，但他不认为自己是什么敢吃螃蟹的人。“我创作太老实，写作手法老实，对生活的认知也老实。也许，我因为太老实，笔下太过真实，我的小说才会引发争议。”

对于创作和生活，王跃文说现在他能做到的是“既不自欺，也不装傻”，“我不激烈，只是平淡平和地用小说讲故事；我也不会莽撞，知道世界变好不是一朝一夕的事。我们每个人，做自己力所能及的事，用自己的绵薄之力来共同改变世界吧”。

[对话] 尴尬应是人的宿命

“同生活本身相比，作家的想象力永远是有限的”

笔者：你的《国画》《梅次故事》等小说，不同于张平、周梅森的官场作品中有“反腐败”的英雄，更没有拉上“正义战胜邪恶”的帷幕。你对“写实”，有自己的处理方式与审美理解?

王跃文：我的这些小说，不论长篇小说，还是中短篇小说，写的都是生活的日常状态，写的都是鸡零狗碎、鸡毛蒜皮，实在无关宏旨。我不习惯故意构筑宏大叙事场面，不习惯把故事讲得离奇曲折，也不习惯故作高深之语，更不习惯虚构不存在的所谓英雄。我注重写生活的日常状态，因为这些才是生活的真相，才接近生活的本质。但这些琐碎的、庸常的生活故事，如果不是通过小说细致地描绘出来，它简直是毫无意义的，不堂而皇之，上不得台面，风雅颂都沾不了边。面对这样的生活，我们在现实中没有心思谈论，因为它是无趣的、无聊的。可是，我为什么会很执著地写这些呢？因为正是这些无聊无趣的故事，我们每个人无时无刻不在经历，它消磨着我们的人生，它让我们变得委琐、卑下，它让我们头颅下垂、膝盖弯曲。我尽管胸有沟壑万千，但我写作是从容的、冷静的。我的小说之所以流行，也许是让人们看到了自己生活的真相。虽然，文学的意义并不仅仅在于说出真相。如果要说写实，我这么处理生活就是我所理解的写实。

笔者：你曾说“如果要硬规定一个官场文学第一人的话，那我认为是司马迁”。你理想中的官场文学应具备什么样的品质?

王跃文：我被贴上“中国官场小说第一人”的称呼，我就调侃说中国官场小说第一人是司马迁。鲁迅先生评价《史记》“史家之绝唱，无韵之离骚”，前一句是史学评价，后一句是文学评价。鲁迅先生这两句话非常精当。显然，《史记》主要写的是官场，而且运用了大量文学手法，完全可以当文学作品阅读。这不是“中国官场小说第一人”吗？我没有理想中的官场文学，因为我根本不赞同用题材给小说命名。如果非得如此不可，那么《红楼梦》是青春小说，《金瓶梅》是小三小说，《悲惨世界》是犯罪小说，《战争与和平》是军事小说，《老人与海》是渔业小说，《乱世佳人》是女性小说，《伊豆的舞女》是宣传日本温泉的旅游小说。这不非常荒唐吗?

笔者：你觉得，一个真正的官场老手，会怎么看待官场小说中的所谓官场套路?

王跃文：我没有就自己的小说采访过官场老手。但是，很多官场中人看了我的小说，都说写得真是那么回事。我没有刻意在小说中写所谓官场套路，而是真实地描写现实官场的生态，反映官场中人的人生际遇、人格裂变及人性悲剧。我写的是隐形状态的真实官场，而非显性状态的虚假官场。显性状态的官场在会议上，在文件上，在报纸上，在电视上，但往往是虚假的。不正常的官场才是如此。既然说官场，肯定就是不正常的。翻开汉语词典看看，官场本来就是个贬义词。但是，我相信时间会改变一切，我们等待官场的变化吧。当官场不再被称为官场，国家就好了。相信有那么一天，中国人会很平和地说到政府、国家，而不再使用官场这个词。

笔者：现实生活中，我们对官场的批评，受制于很多因素，而在小说中，腾挪的尺度显然大得多，你如何把握这种尺度?

王跃文：我的观察和体会恰恰相反。文学作品所揭示的消极腐败现象，远远赶不上被媒体报道过的真实故事。试想，有哪一部文学作品中写到的故事，有这两年媒体报道的那么惊心动魄？媒体报道的尺度也是有限的，但文学作品连这种有限报道的故事都没有涉及过。文学作品之所以对此稍有涉及就面临种种指责或限制，只因其生动形象而令人印象深刻。

我并不认为文学作品必须同生活去比复杂、比惊奇、比厚黑。同生活本身相比，作家的想象力永远是有限的。但是，为什么仍然需要文学呢？为什么文学仍然具有如此强大的生命力呢？因为人类需要通过文学进行思考。

笔者：你曾说对写官场小说早没有兴趣了，是因为自己被掏空了，还是因为别的？

王跃文：作家的写作兴趣时刻变化，这是很自然的现象。我目前最感兴趣的是写乡村。我过去从未因为写作失眠，2012年底却因写完中篇小说《漫水》而通宵睡不着。我按捺不住激动和兴奋，知道自己写了一部非常好的小说。

笔者：写了这么多官场小说，你最想告诉给读者的东西是什么？

王跃文：很难用一句话说清楚，非得说的话，我想告诉读者，我们的生活本来可以变得更好的。

“不是官场权术，而是政治智慧”

笔者：《大清相国》更是被王岐山多次推荐。你受邀出去给公务员讲课，书里和课堂上的说话尺度是不一样的，课堂上，你有没有给自己设限？

王跃文：我去年受邀作了十多场讲座，但我只从《大清相国》小说讲起。我作的是文学讲座，听者各有所获。爱好文学的听的是文学，爱好历史的听的是史学，公务员们可以听成是廉政讲座。我只谈文学，不谈其他。

笔者：你在《大清相国》关于清代灾害管理的过程通过生动的典型来描述，这种历史细节的真实，你是有针对性地进行资料收集与钻研吧？

王跃文：民政部救灾救济司一位前司长读了《大清相国》，对小说中有关当时中央机关运转机制的细致描写非常赞赏，特别是对陈廷敬关于改进救灾办法的建议十分肯定。他说，事实上目前中国大灾来临时的处置办法同当时的情况也差不多。我写《大清相国》时，读了大量史料。谈不上研究，了解些史实和常识而已。

笔者：这种类似历史细节，请教过相关专家了吗?

王跃文：我没有请教专家，只是看了大量正史、野史。可以说，清顺治、康熙两朝七十九年间发生的大事，我一天一天看过。《大清相国》里写到的每个故事，都是在历史上有原型的。比如，我写康熙南巡去杭州，有随行官员私自买下江南女子，也有当地官员给朝廷随员送美女。这都是有史料记载的。康熙第五次南巡时，两江总督阿山就给康熙皇帝送了两个美女，皇帝斥责道："阿山何意? 当朕何人邪? "

笔者：在《大清相国》陈廷敬身上，寄托你对官吏的理想形象——清正廉洁、勤勉实干、宅心仁厚、精明铁腕?

王跃文：我在《大清相国》里写了陈廷敬的成长，他年轻时遇事不能忍，常常把自己逼入困境。生活磨炼了他，慢慢教他学会忍耐、等待、迂回。我写陈廷敬的等、忍、稳、狠、隐，不是官场权术，而是政治智慧。

"乡村中国是'最大'的中国现实"

笔者：你为何对法国文学情有独钟? 中国文学缺乏"浪漫"品质吗?

王跃文：我说自己喜欢法国文学，同浪漫没什么关系，而是喜欢巴尔扎克为代表的批判现实主义。我对法国文学并没有全面的了解。不论文学思潮如何流变，我始终认为现实主义是文学的正途，知识分子对社会应有客观冷静的观察和认识。对于社会的进步，批评比歌颂更有意义。当然，对于文学作品，不论持批评或歌颂姿态，都不能简单化。

笔者：你幼时对古希腊神话十分热衷，你认为人的信仰与敬畏，除了宗教形式外，还有其他来源吗?

王跃文：一个民族，没有深入文化骨髓的宗教精神，确实是件很遗憾的事。但是，哪怕没有正式的宗教，良好的民间风俗、民众信奉的迷信，或具有原始宗教色彩的泛神观念，都对人的信仰与敬畏之心有帮助。可惜的是过去几十年的政治与教育，中国民间好的风尚基本上被摧毁了。中国人变得所谓的大无畏，这是非常可怕的。我们这个民族现在急需从传统文化中汲取营养，民众不能再无所畏惧了。

笔者：你曾说过："书太好卖，我越来越焦虑。一种流行的说法是：畅销的小说都是通俗读物。所以，我很想写一本不畅销的小说。或许，那将是更好的书?"你焦虑的根源是什么?

王跃文：这几句话，大可以当作调侃。我真正想表达的意思，应该是替小说的通俗性说话。有些人把小说理解得太高深，一味地否认小说的通俗性。我不以为然。也有人蔑视中国文学传统，认为中国小说只会讲故事，甚至无知地认为西方小说是不讲故事的。这违背基本的常识。中国小说有良好的讲故事的传统，这是中国文学的优长。小说好读，这不是过错。我坚持要把小说写得好读，对所谓制造阅读障碍的说法深以为无聊。难道作家必须与读者为敌吗?难道读者都是被虐狂吗?

笔者："不畅销"，才证明是更好的书?

王跃文：我并不认为不畅销的书才是更好的书，这里说的是反话。我的常识里，除了个别情况，文学经典都是畅销的。中国的古典文学里面，《红楼梦》《三国演义》《水浒传》《西游记》《金瓶梅》，哪一部不是畅销书？这些经典必定会畅销到人类消亡那天。

笔者：你谈到，《爱历元年》的创作初衷是想写知识分子的中年危机。这种中年危机到底该如何化解？

王跃文：是的，我最初的写作意图就是如此。但是，小说写到最后，成了一部爱与宽容之书。这也许同我自己的年龄有关，也许同自己对生活的理解有关。人生必须有爱，生活才有希望。当代社会人们的生存环境发生了从未有过的变化，人们的情感也出现了从未有过的迷离与混乱，需要正视与化解。《爱历元年》试图正视当代中国人的情感困境，寻找救赎之路。理解、宽容、坚守、回归，都是化解所谓中年危机的路径。

笔者：你曾说："从整体上来说，中国的作家只有把乡村写好了，文学的使命才能完成。"为什么这么说？

王跃文：中国乡村幅员辽阔，人口众多，是"最大"的中国现实；况且，乡村是中国传统文化保存相对完好的场域，那里的人们最能体现中国人的精气神。我这么说自然也是有些情绪化的，原因在于目前不管是文学、艺术或新闻，更多的是在关注城市、关注商业、关注汹涌的人间欲望，如此广大的乡村和众多的乡下人成了社会关注的暗角。乡村快被遗忘了。

"旧的尴尬去了，新的尴尬又来"

笔者：很多人喜欢看官场小说，但对权力的危害和对权力的警醒，却没有足够的兴趣去了解，你怎么看这种现象?

王跃文：我不能确认你的观察是否有道理，因为我没有深入到读者中去做“田野调查”。我仅就个别情况下的了解，知道一般读者看了我《国画》之类的小说，都会增加对社会现实的认识，多少让自己变得清醒些。很多大学老师会在学生毕业前推荐学生看我的小说，为的是让学生对即将踏入的社会有真实的了解。

笔者：你曾说年轻时崇拜鲁迅，现在对鲁迅和当初的认识有什么不同?

王跃文：我特别崇敬鲁迅先生，为其文，更为其人。我不光年轻时崇拜鲁迅，越到年长越体会到鲁迅先生的可贵。目前中国作家特别需要鲁迅先生的敏锐、深刻和坚忍。我喜爱周作人，特就他的文章和性情而言。

笔者：对于周家兄弟，你从少年时对鲁迅的崇拜，逐渐到对周作人的亲近，为什么会这样?

王跃文：我崇拜鲁迅在前，亲近周作人在后，仅仅是阅读时间的先后，并不意味着审美发生了变化，更不意味着周氏兄弟在我的审美中不能兼容。年轻时我们只可能读到鲁迅，周作人的文章是读不到的。周作人的文章之好，我们完全可以超越具体的背景去欣赏。

笔者：你认为他们兄弟二人在人格上是否存在一定的矛盾性，你如何解读?

王跃文：我认为，年轻时他俩是一致的。年轻的周作人也有过为新文化运动鼓与呼的热血时期，但从力量与深刻而言，从对中华民族反省的深度而言，鲁迅的伟大是无可比拟的。

笔者：“我早就不相信自己的耳朵了，因为听惯了太多的谎言。我曾试着相信自己的眼睛，结果往往看到虚伪和欺骗。现在我只好相信自己的良心了。”“会不会有一天自己也欺骗了自己呢？果真到了那一天，我就不写小说了。”你说过这样的话，现在还坚持吗？

王跃文：俗话说，说出去的话，泼出去的水。我已年过半百，懂事以来认真说过的话都不会改变。我不会轻信某些堂皇的宣言与鼓吹，我学会了看真相和本质。

王跃文，著名作家。1989年开始文学创作，曾获湖南省青年文学奖、湖南省文学艺术奖。代表作品有《爱历元年》《大清相国》《国画》《梅次故事》《朝夕之间》《亡魂鸟》等。因为长篇小说《国画》轰动文坛，被赞为“中国官场文学第一人”。2014年8月，其中篇小说《漫水》获第六届鲁迅文学奖。

生活中低调，一旦进入写作，东西愿做戳穿谎言的勇者。他惯于以冷幽默去解构俗世的荒诞，“不用隐瞒自己，不会顾忌，尽量地敞开自己的心灵去写”。

东西：善于戳穿

2015年6月15日上午10点30分，NBA总决赛直播，勇士坐镇主场迎战骑士。作家东西正在广州一家宾馆独自观战。他不是那种轻易爽约的人，否则早就推掉眼前的采访。“现在看球赛就像读书，你看的是怎么上篮，怎么攻击，怎么配合，不希望旁边有人，有时我连解说员的声音也想关掉。”这个被评论家誉为“文坛剑客”的作家，亦是篮球场上的“刀锋”，每周必有两至三场篮球活动，“看到直播中好的动作，就想在球场上模仿”。

看NBA直播，在东西眼里，确乎是作家的福利，“因为作家一般是下午和晚上写作，上午就休息，而NBA直播正好就在上午。激烈而高水平的对抗，看得人激情澎湃，可以刺激写作”。这个自言看出NBA门道的作家，将特长是出手快投得准的勇士队库里的打法，比喻为中短篇小说的创作：将勒布朗·詹姆斯（被誉为NBA有史以来最具才华、最强大、最完美的篮球手）的打法比喻为长篇小说的创作，“因为他既要考虑自己突破得分，又要为本队球员助攻。他带着一个残兵败将的团队冲进了总决赛，靠的是他的领袖能力、统筹能力”。

而今，东西以三年之力，勇蛮地将自己的新长篇《篡改的命》带入了“总决赛”——这部有点残酷、有点天真的小说，书写了城市化背景下各色人等的命运之变，他期待新长篇能继前两部长篇小说《耳光响亮》《后悔录》后，再次冲击人们的心灵，“就算没有传世的野心或能力，但至少让人读后产生化学反应。没有这种追求，写作就是一种文字的堆砌”。

东西的作品不只是在文坛形成撞击，在影视界亦备受关注。他的长篇小说《耳光响亮》被改编成20集电视连续剧《响亮》和电影《姐姐词典》；中篇小说《没有语言的生活》被改编成电影《天上的恋人》和同名20集电视连续剧；中篇小说《猜到尽头》被改编成电影《猜猜猜》；根据东西长篇小说《后悔录》改编的44集电视连续剧《爱你一生》2015年4月和5月分别在上海等地面频道和湖北卫视开播……

控制节奏

与欣赏NBA快节奏形成反差的是，东西对写作，尤其是长篇小说的写作，追求的是慢的美学。“我的写作很慢，我第一部长篇小说《耳光响亮》1996年发表，2005年发表第二部长篇小说《后悔录》，2015年的当下，我的第三部长篇《篡改的命》就出来了，实际上每九到十年我才写一部长篇小说。”

《耳光响亮》发表后，引起文坛重视，这亦给东西不小的写作自信。他也不想急吼吼地用作品的数量去抢占阵地，赢得他人关注。按最初的预期，他打算在一年之内写完《后悔录》，“但由于构思占去了半年时间，再加上不停地自我否定，小说的进展比较缓慢。光开头我就写了六次，最多的一次有两万多字，但是这六次开头我都放弃了，直到第七次，才觉得找对了路子，那就是找到了后悔的关键词——如果，所以小说一开头便是：‘如果你没意见，那我就开始讲了。’”

写作《篡改的命》两年期间，东西说他“除了写一部话剧，主要精力全都放在这个小说上”。“其实写作就像城市建设，有时像起一栋楼，几天规划出来，起不好就砸掉，但慢的好处就是，论证过程长一点，写作更精细一点，写作细节更强悍一点，构思更绝一点，情感更投入一点。让这些东西进去就会慢，慢也是对自己的严格要求。”东西说，他之所以强调三部长篇小说的创作周期，“是因为对白发渐多的恐惧，是想说明我是一个笨人，不具备几个月写出一个长篇的才能，同时，我还想表达一下‘慢工出细活’的观点。写了几十年的小说和剧本，我深感创作最终拼的都是毅力和耐性”。

对于自己的写作现状，他依然以打球比喻：“开始没有负担的时候，靠的是力气；当真的会打的时候，就会周密考虑什么时候用力什么时候不用力，需要控制节奏了。”

1998年，东西的中篇小说《没有语言的生活》获首届鲁迅文学奖中篇小说奖，之后，朋友们发现东西身上发生了三个明显的变化："一是开始捏着鼻子灌自个儿喝牛奶；二是戒掉熬夜习惯并开始睡午觉；三是每天跑步锻炼身体，即便有时实在起不来，也坚持躺在床上用意念去跑。"东西说，就是从那个时期起，突然觉得自己再也不能像过去那样不爱惜身体了。过去，他曾有写小说写得急性肠胃炎发作，半夜被送到医院去吊针的遭遇。

"我是从小学就开始打篮球，打得非常专注，我的问题是个子不高，所以没有打下去。"随着工作与生活环境的变动，东西发现，城市越大，组织活动就越难，运动就越个人化。"要在城市里组织打一场篮球，不知要花多少时间和精力，所以就只能跑步了。"前几年东西搬住广西民族大学，"有了场地，有几个年龄相仿热爱打篮球的老师，我又重新打了起来"。

经常性的体育锻炼，让东西的身心焕发出同龄作家难以想象的活力。他没有发福的肚腩，没有迟缓的脚步。在摄影棚，他可以随手抓过一顶礼帽，摆出各种POSE。东西将拍摄花絮发于朋友圈，很快就有朋友笑问：这是要进时尚圈的节奏？

篡改与被篡改

东西生活过的村庄，周围都是森林草丛。"冬天有金黄的树林，夏天有满山的野花。草莓、茶泡、凉粉果、杨梅、野枇杷等，都曾是我口中之物。"东西的回忆充满快乐，要不是因为父母的工分经常被会计算错，“也许我就沉醉这片树林，埋头这座草山，不会那么用劲地读书上学”。家里母亲掌事，她不想吃没文化的亏，所以千方百计地供儿子上学。母亲在46岁那年生下东西，她曾痛失一个孩子，因而对东西“加倍呵护，好像双手捧着一盏灯苗，生怕有半点闪失”。不管是上山砍柴或是下田插秧,母亲身上总有儿子。“挖沟的时候我在她的背上，背石头的时候我在她的胸口。”

工作后的东西，永远记住母亲的刚强和坚忍。在他眼里，母亲的话就是文件，“她指到哪里我奔到哪里”。母亲说村里缺水，旱情严重的时候要到两公里以外的山下挑。那时东西刚工作，拿不出更多的钱来解决全村人的吃水问题，就向县里反映情况，县里拨款修了一个方圆几十里最大的水柜。母亲说老家公路不通，山货背不动了，挣钱越来越难。东西找有关部门反映，拨款下来了，公路直通村口。母亲说村里某某困难，你能不能送点钱给他们买油盐？东西立即掏出几张钞票递过去。

东西把《篡改的命》阐释为“讲的是好人向坏人投降，农村向城市投降的故事”。而之所以写这部小说，东西有一个很长的思考期。在他看来，中国有写城市景象的作家，有关注乡土的作家，但他觉得还有一个空白，就是很少有作家写从乡村到城市的跨程。“对这两方面的熟悉程度，还是我比较有把握，因为我出生于乡村，每年都会回去。现在农村的凋敝、农民工进城的艰难，以及城乡之间的巨大差距，我都是看得见的。”

这是他写作《篡改的命》的大背景。东西一直反感现在的文艺和影视作品对乡村和农民工的符号化。“这种符号化就是，我们认为他们就是这样的人。我们的生活受媒体左右或者受偏见左右。这样是不正确的，每一个生命都不一样。”所以他就想写一个冲突，一个想要改变命运的人是怎样改变不成而又突发奇想、出人意料地改变，这是一个在两极穿梭的小说，就像在冰与火之间穿梭。

东西找到了一个“篡改”的角度，来展示这个穿越的故事：“我们在改变命运过程中，我们的路在行进的过程中，无意中或有意中都会被篡改，也无意或有意地篡改了别人的路。”

以幽默解构荒诞

“‘尿我喝了，你也该兑现你的诺言了。’汪长尺说。

“林家柏忽然回过神来，说老弟，你把我感动了，今天我必须好好请你。鉴于以往跟林家柏打交道的经验，汪长尺用杯子接了自己的半杯尿举在手里。那尿又黑又臊，和刚才林家柏的一对比立刻心生自卑。这是两个世界的尿液，一个金黄透明，一个混浊偏黑；一个来自昂贵的环保的食物和天然饮用水，一个来自地沟油加激素加含氯量偏高。汪长尺把杯子往前一伸，说如果你说话还算数，那就把它喝下去……”

在小说《篡改的命》中，主人公农家子弟汪长尺命运多艰，高考上线，被人冒名顶替；为了儿子的前程，他将孩子送交富贵人家林家柏收养。为了不影响林家柏与儿子的关系，他选择消失。

这种用不动声色的语言，写出极端世态的功利，是东西一向所追求的。“其实这三部长篇，《耳光响亮》就是一种叛逆。现实不停地给我们打耳光，我们对现实就是一种抵抗，一种抗争，甚至是一种‘大闹天宫’的感觉。那时候的语言很直接，很跳跃，甚至还有很多反讽和调侃。到了2005年写《后悔录》时，就更收敛一点了，是一种幽默，不光是反讽和调侃，可以说是一种内敛，不像《耳光响亮》那么冲动和叛逆。到了这部小说，人物的命运开始投降了，但是语言可能更杂糅了，集中了我所喜欢的语言元素在里面，比如网络语言大量使用，农村人说城里话，昨天的人说今天的话。”东西说，小说有故事的穿越，有人物的穿越，但是没有人用语言的穿越，“所以我就故意使用语言的穿越，达到一种陌生化的效果、幽默的效果，让读者看起来哑然失笑，或者感到心酸”。

朋友胡红一讲过这样一件事：有一年秋天，中国电影界在南宁颁发“金鸡奖”和“百花奖”，那时还没有写出《寻枪》和《理发师》的广西作家凡一平溜进了电影节酒会现场，与偶像巩俐握了手合了影。次日一早，东西还在床上睡懒觉，突然接到凡一平显摆的电话，说东西呀，昨晚我跟巩俐合影啦，相隔不过五厘米。这时东西沉默了几秒钟，说凡一平你要搞清楚，虽然只有五厘米，但是这一辈子你都没办法超越。

凡一平遭遇东西“黑手”之事，不止这桩。在一篇文章中，东西这样戏说：“一天晚上，凡一平患重感冒，他夫人正好在医院的妇产科值夜班，就把他叫到产科去打点滴，很快凡一平就躺在床上睡着了。深夜，医院领导查房，凡夫人急中生计，用床单把凡一平盖住。领导走到床前，指着隆起的床单问：‘快生了吧？’凡夫人怕露馅，赶紧把凡一平推进产房。接生的护士立即器械伺候，其中一人惊叫：‘哎呀，不好了，孩子的腿先出来了。’另一位护士掀开床单，摇头感叹：‘时代不同了，连剃光头的都怀孕了。’被吵醒的凡一平忽地欠起身子，满脸惭愧地说：‘对不起，我刚搞化疗。’”

当然，生活中的东西也常被朋友调笑。有时，看到朋友编排自己的段子还不到位，东西不闹不怒，还会冷静地补上一“刀”，“你们低估了我的心理承受能力，我给补充点吧。”东西解释，“我喜欢开玩笑。因为我有幽默的习惯，所以幽默可以信手拈来。幽默是一种自贬自嘲，是一种自我的修炼，同时也是化解焦虑、化解尴尬的方法。”

写作就是戳穿谎言

“过去觉得只要读书的人就是知识分子，不识字的就是文盲，现在我不这么认为了。父母口口相传的礼义廉耻、做人的准则，都传给我了。包括那种淳朴的对于文字的敬重。”东西回忆：“看到地上的纸片有铅字，父亲会捡起来。当时我就想，如果有一天，他弯腰捡起来的纸片上，是儿子的名字和作品，他会怎样呢？”

1984年，东西的梦想成真了。他在当地的《河池日报》上发表了自己的处女作，这首诗歌为他赢得了8元钱稿费，“拿着稿费单在路上，一路走一边咳嗽，希望有人能注意到我”。

试图以作品引起人们注意的东西，在现实生活中一直以低调著称。“刚到南宁那两年，东西显得特别低调，掉片树叶都怕砸了头。一起进出报社时，他见了谁都点头打招呼，脖子上像装了转轴似的。”朋友胡红一这样说。东西从小城转到南宁，在一家报社工作，白天编版，晚上写小说。

这些生活中的貌似怯懦，并没有让他放弃小说中的批判精神。有人说东西在追求卡夫卡式的荒诞，而东西认为，“我的小说并不是有意地追求荒诞，世界本身就是荒诞的，现代人的许多处事方式就很荒诞，大家明明知道不好，却没有人去捅破，我们缺乏的正是《皇帝的新装》中那种敢于说出‘你没穿衣服’的精神，而写作就是戳穿谎言。”

纳博科夫曾说过：“文学创作的目的是治愈和育人，是为了展示人的想象和创作，创造力的模拟。”东西承认小说的影响力确实是式微了，但对这句话，他还是有点不服的，他不想放弃小说对现实的批判价值。“我的每一部小说还是力求表达对现实的关注，处理好现实与我们的紧张关系。就《篡改的命》这部小说来说，隐含其间的批判性、尖锐性没有减弱，反而是加强了。”

在采访的当天，东西看到了这样的一则新闻，一个农村的父亲，为了给孩子治白血病，弄得倾家荡产。父亲说了一句话，假如他跳楼能治好孩子的病，他真的愿意跳楼。“这新闻真的佐证了《篡改的命》中父亲的行为，父亲愿意为了孩子而选择消失，这种大爱，让人痛心，也让人无奈。”

总是以好脾气示人的东西说，即使在生活中我不太愿意去张扬，但谁也不能保证不得罪人，有时候观点不一致也会得罪人，“可能生活中会有表演和虚伪的成分，甚至为了照顾别人的情绪说一些言不由衷的话。但是写小说就是面对自己的心灵，那是赤裸裸地战斗和描写，不用隐瞒自己，不会顾忌，尽量地敞开自己的心灵去写”。

[对话]一边投降，一边坚持

尽量去找有共鸣的东西

笔者：写新长篇《篡改的命》时，主人公汪长尺有生活原型吗?

东西：没有。就像当时我写《没有语言的生活》的时候，盲人、聋人、哑巴生活在一起，很多人问我，是不是你在乡村里看到的？我说没有，实际上我就是想写一种看不见、听不见、说不出的状态，写沟通的艰难。你看到我用20万字把一个人物给塑造出来了，可是这个人在生活中真的没有。我写作是尽量去找有共鸣的东西，绝对没有一个人坐在那里等着我去写的，而且是这么丰富，这么曲折的一个人。

笔者：《篡改的命》探讨了命运的不确定，你是宿命论者?

东西：我是一个宿命论者，有时候冥冥中很多东西是注定的，当然也不能说是唯心论，包括我自己一路走来的命运，里面有很多运气和很多挫折，有些是可控的，有些是不可控的，命运这东西太神秘了。以前我们常说，我们很自信，人定胜天，我们可以改变命运，随着年龄的增长，现在看来，很多事情其实是天注定的，很难改变的。

笔者：《篡改的命》涉及乡村的凋敝，乡村文明如何维系，你怎么看这个问题?

东西：我对乡村的回望，前几年的中短篇小说也写到过。我觉得现在的回望，因为拉开了距离，有些思考在逐渐地成熟，可能更理性。现在的乡村不是我们想象中的乡村。表面上看，村庄里还炊烟袅袅，还过着桃花源式的生活，但是底下汹涌的东西比过去多，人们的心情很复杂、很起伏、很焦虑。有学者说，中国稳定的最大根基就是乡村文明。以前的乡村元气充沛，在法律的边缘，会有人出来主持公道，主持公正，会讲求道德，谴责坏人。现在乡村一些文明的基石在坍塌。现在农村出现了一些难题，比如医疗和教育等等问题，这些问题大家都看得见，但是少有人去纠正它。《篡改的命》对这个问题也有揭示，最后大家甚至投胎都要投到城里去。农村的凋敝问题非常严重，一己之力是没法改变的。现在很多人在国内赚了钱，心灵却无处安放，就选择到国外安静的小镇去居住。其实人们是在用脚投票，用选择来投票。

把所有走不通的道路堵死

笔者：你对小说标题的拟定有什么心得?

东西：标题就是第一眼抓住人、撞到人心里的那个东西。我写标题时追求陌生化的效果，比如《没有语言的生活》《请勿谈论庄天海》《蹲下时看到了什么》《反义词大楼》……能标新立异的时候我就尽量标新立异。当然你不能为了出人意料而出人意料，你的内容要和你的标题吻合。

笔者：你写作中喜欢走神，你说写作快乐就在于不断地改变初衷，为什么?

东西：写作是这样，你没有真正进入写一个作品的状态时，你的思考是有漏洞的，你的逻辑是欠缺的，当你真正开始写的时候，就是跟着人物走的时候，只有跟着人物走了，写作的状态才是最准确的。写作前我主张有一个大构思，但是又不主张有详细的提纲。

我在小说创作前也会有一个大纲，但是往往写出来的作品已经跟大纲不太一样了，唯一一样的可能是人物的名字——人物性格会变，情节方向会变。写开头的时候，根本不知道结尾。这就是有时候一不留神地走神，为什么走神？因为你当时觉得你写的道路是有问题的，你不愿意接受它，所以你要开小差。写作不是找到一条道路，写作真正的方法是把所有走不通的道路堵死，就剩下最后一条路，这条路也许才是正确的。

笔者：你曾认为手机阅读趋势不可避免，曾想把自己的长篇在手机上连载？

东西：我当时是想这样做，后来和出版社联系觉得可行性不大。他们分析说，手机阅读的极限是短篇小说。大家可能接受一两个小时的阅读，但是长篇那么长，从视力容忍度和连载的时间长度来看，好像都不合理，大家都说还是不做。

笔者：很多人的阅读已转到手机上了。

东西：对啊，这个好就好在手机是一个终端，每个人只要打开屏幕就可以看得见内容。如果是传统的纸媒，要通过多少渠道才能到达个人手上，一是时间的漫长，另外是操作肯定没有手机这么方便。手机现在已经成为人们的器官，把作品直接送到人的器官上，最直接。

一定要写到极致去

笔者：现在能让你兴奋的小说多吗？

东西：现在很多读者为什么不愿意读小说，因为小说太多了，读者没法选择，所以干脆不读，读者犯了选择的难。听媒体的，读起来不是那么回事；看评奖评出来的，也不怎么样。最后他没办法就放弃了。作为专业的作者，我在写作过程中也想找好的作品，我周围很多作家也推荐作品给我，有的他们认为很好的作品我读到一半就不愿意读下去。在文学领域里，真是趣味选择不一样，标准也不一样，兴奋点也不一样。好作品肯定很多，但是我遇见的不多。就像恋爱一样，好的女人可能很多，但是适合自己的，不一定能遇到。

笔者：你曾经说荒诞小说逐渐成为世界小说的主流，现在还这么认为吗?

东西：在大家都不觉得世界荒诞的时候，我写荒诞的小说。当大家都觉得这个世界已经荒诞了，我该怎么写？现在不是小说荒诞，而是现实太荒诞了，荒诞到我的写作都像在抄袭现实，荒诞到我们的写作反而不真实，怎么办？我开始收了，不那么荒诞了，反而是往实里走了。另外，向深处，往心灵的底层挖掘，把人或事写到极致。写作肯定不能照搬生活，如果照搬，可以借用一句广告语——我们不是写作，我们只是生活的搬运工。如果这样写，那人人都可以做作家，读者没必要经历一次，又来阅读一次。今天最难的写作，就是在遍地都很荒诞的现实里，作家如何去提炼和概括，然后把最需要表达的东西拎出来，写入你的小说。每个作家在写作时都会找一个角度，这很考验能力。《篡改的命》貌似荒诞，但往回收了许多，比我过去的小说都显得实。作家在面对荒诞的世界时，要调动他的智商、思想力、概括力、穿透力，发现问题，发现美。

笔者：这种悲观式的深刻，一直是你创作的自觉吧?

东西：评论家谢有顺这么评价我的小说：他写了悲伤，但是他没有绝望。认为我的小说还有天真。比如我小说里的人物，他们是挣扎在生存线上的一群人，他们不停地追问，我这样做道不道德？他们要做干净的人，可是干净是要有资本的。他们追问自己干不干净："你的行为是不是可耻的，对你的孩子是否有影响？"我觉得这是他们的自省和坚持，他们一直饱含着对道德、对干净、对高尚天真的幻想。他们一边投降，一边坚持。就像洪水来的时候，他们抵挡得住第一波和第二波，但能不能抵挡得住第三波？到第三波可能有人就放弃了。汪长尺一直在抵挡，这是残酷中比较温暖、有点希望的东西。我们不是说贫困者有道德优势，而是说我们每个人都需要学会反省自己。作为一个写作者，我也在追问这些东西，当我被逼得要投降的时候，我还在坚持自己的底线吗？

笔者：你的底线是什么？

东西：第一是不能害人，这是我要坚持的，我可能会得罪人，但我不能害人；第二，当我不想说的时候，可以保持沉默，我有沉默权。这可能就是最低的底线，是今天很多写作者最后的底线，因为确实很无奈。

一旦脱离现实，立刻失去写作激情

笔者：你是怎么理解好的小说语言的？

东西：沈从文的语言为什么耐看，经久耐读？因为他的文字有美，有诗意，有内敛，像静水深流，这是一种非常好的境界。鲁迅的语言，非常准确，很犀利，我觉得这也是好的语言。好的语言不是只有一派或者一种风格，好的语言就是你写到这个地方，写到这个人物、这个场景时必须用这个字，这个字是唯一的、准确的、恰当的。在今天过度喧哗与骚动的语境下，如果你的语言能让人拍案叫绝，或者让人怦然心动，那这就是好的语言。

笔者：你的小说语言非常幽默，幽默也是分层级的，你喜欢什么样的幽默？

东西：我走的是冷幽默路线，和纯粹的搞笑有区别。冷幽默里有很多值得回味的东西，需要转弯和联想。有时在饭桌上，我们说点什么，几秒钟之内大家还不知道这是幽默，但几秒钟之后，大家都会心一笑。冷幽默如同悲喜剧，在笑里含酸，甚至含泪。有时候，写着写着，竟然在辛酸的事情上也露出幽默来，这种写作可能是五味杂陈的，这种效果对于读者是非常折磨的，不知道是笑还是哭。

笔者：现实生活中你比较低调，容易满足，这种态度会影响你的写作吗？

东西：低调的典范是著名导演李安，他拍了那么多好电影，还保持谦和，他的身上保留了中国传统文化中的谦和。写作界有很多狂人，可能他们是天才，我很尊重他们。我为什么不敢狂？因为我觉得自己的才华还不足以到狂，有时甚至自卑。我妈说“人狂有祸，天狂有雨”。写几篇小说，算不得什么。但当我到了小说里，观点可能很嚣张。做人和写作是两回事，有时就是两张面孔。可是，尽管你真的想谦虚，有时也会得罪人。爱好不一样，观点不一致，说话太直，都会得罪人。狂不狂和写作没关系，每个人在生活中都可能有表演和虚伪的成分，甚至为了照顾别人的情绪说一些言不由衷的话。但是写小说就是面对自己的心灵，那是赤裸裸地战斗和描写，不用隐瞒自己，不会顾忌，尽量地敞开自己的心灵去写。

笔者：你对批判的度怎么把握?

东西：别老批判别人，首先批判自己，批判我的弱点和我的恶。写作的灵感，可能产生于一次愤怒，也可能产生于一次伤感或者感动。如果愤怒了，那就是“愤怒出诗人”。但在写作过程中要把愤怒给忘了，否则你不是在写一个作品，而是写杂文。你一旦进入小说创作，跟着人物走，就要设身处地地贴着人物写，而不是整天喊口号。如果要艺术，就得把批判忘掉，让读者从人物和故事、语言当中去领悟、感悟。

笔者：在小说影响日益衰减的当下，小说的批判性有多大价值?

东西：小说的影响力确实是式微了，可是我的每一部小说还是力求表达对现实的关注。《篡改的命》这部小说，由故事和人物生发出的批判性、尖锐性没有减弱。小说讲祖孙三代想改变命运，最后的改变是投降。父亲愿意为了孩子而选择消失，这是一种大爱。因为他很无奈，这种无奈有时候，就像是我们举着拳头往前冲，以为要跟现实打架，但是，你万万没想到，那些举着拳头的人某一天全部投降了。如果全体投降，那我们就得反省到底是什么原因。投降是不是也是一种批评或者是一种提醒，或者就像鲁迅先生说的目的是“引起疗救的注意”，所以这个小说写的虽然是投降，但某种力量还是保留着的。作家奥威尔说他的写作一旦离开政治，他就立刻失去创作的激情。而我，我的写作一旦脱离了现实，我就立刻失去创作的激情。

东西，原名田代琳，著名作家，供职于广西民族大学。中篇小说《没有语言的生活》获首届鲁迅文学奖中篇小说奖，根据该小说改编的电影《天上的恋人》获第十五届东京国际电影节“最佳艺术贡献奖”。长篇小说《耳光响亮》被改编成电影和20集电视连续剧《响亮》。主要作品有《篡改的命》《后悔录》《耳光响亮》《没有语言的生活》等。他的小说始终碰撞现实，却能“穿透庸常的现实，展现奇迹”。

身处繁华都市，田瑛惬意地调遣手下的汉字兄弟，制造的都市另类“匪情”，总能令文朋眼界大开。他古道热肠，酒风浩荡。在稍显霸道中，他无害地追寻着属于自己的自由。

田瑛：提灯夜行

“他的作品正如其人，不露锋芒，绵里藏针，奇思之中具有自己的审美取舍：少年老成，控制得宜，不急不躁不铺不张之中若有深意存焉。”在文坛“常青树”王蒙眼中，这个作家有着自己独特的“小说世界”。

这个“不随潮流奔突”的作家，与王蒙因约稿相识于1991年。那时王蒙暂时沉寂，他被约稿的土家族编辑的胆量与执著感动，遂痛快应约，中篇小说《蜘蛛》于是当年就在《花城》以头条刊发。这个自诩“有向任何有写作权利的人约稿”的编辑，就是来自沈从文故乡——湘西的作家田瑛。

王小波的《革命时期的爱情》，最早亦经田瑛慧眼相中，发于《花城》。之后，王小波的《白银时代》等均见刊于《花城》；苏童视为个人最重要的小说之一《我的帝王生涯》亦是给了田瑛发于《花城》……文学编辑田瑛的大名与文学期刊先锋《花城》，一时成为中国文坛的南方旗帜，这旗帜，也一时遮蔽了小说家田瑛的本来脸面。当田瑛拿着小说集《大太阳》清样恳请王蒙批评时，王蒙在序中说他认真看后，“大吃一惊”。

当了八年兵没有提干，这在部队实属罕见；从湖南吉首军分区调至广州军区政治部，再转业花城出版社当编辑，田瑛坦言他开了全军几个先例，步步让身边的亲朋“大吃一惊”。

散发于作品中的野性思维，加上行事的坚韧、对世俗规则的蔑视，田瑛被一顶“湘匪”的帽子坐实。他亦乐于以“匪士”面目示人。“家居顶层九楼，这是我的巢，我在此落草为寇或占山为王，统帅着我的部属，它们是由一群汉字组成的乌合之众。”在一篇《都市的匪情》文章中，他欣然“自首”。

从《花城》主编任上退休，又被返聘，任职《花城》名誉主编，在《花城》工作24年的田瑛被他的朋友郭小东调笑为“土匪守门”“最安全不过”。

惬意的“鬼眼”

“今天是5月23日，30年前的今天，我到花城出版社报到。”田瑛少年时严重偏科，除了语文，对其余课程概无兴趣，自然对数字糊涂，但“这个日子，我当然不会忘记”。笔者采访田瑛的地点，就选在他杂志和书稿堆积如山的办公室，窗外大雨酣畅，他的阔谈也借由一桩桩往事、一个个作家酣畅回溯。

1985年，30岁的田瑛携带一本自编的《而立集》敲开了花城出版社小说室副主任廖晓勉的门。此时，田瑛在广州军区服役，80年代的文学热已让这个有着10年文学历练的青年萌发了极大的文学野心，在他眼里，花城出版社可能就是孕育野心的理想土壤。几经周折，田瑛遂愿转业进入花城出版社。

田瑛刁钻的“鬼眼”，在那时已放光彩。1989年秋天，作家郭小东偶然向田瑛提及自己的书稿《中国知青部落》生死未卜。其时这部书稿已被浙江文艺出版社审稿两年多。田瑛不紧不慢地说，拿来看看吧。几天后，田瑛就带着书商约见郭小东，“可以了，选题也申报了。”书商代销20万册，一个月后全国发行。郭小东睁大眼睛，不敢相信。据郭小东回忆，在当时的情形下，浙江文艺出版社压着书稿不出，自有其道理。而田瑛说他从不冒险，他确信《中国知青部落》没有问题。书出版发行后，被许多报刊转载，并获得当年由读者投票选出的全国“金钥匙”奖，后该书又获多个大奖。“他的鬼眼超越平庸。”如今身为广东省作协副主席的郭小东说。田瑛就这样在不动声色中将他的第一部长篇小说引上了文学的快车道。

“拿来看看”，基本成为编辑田瑛的口头禅。很多不被其他文学期刊看好的作品，经他之手咸鱼翻身，大放异彩，这一点，在他被调至《花城》杂志后，表现得尤为突出。20世纪90年代初，尽管王小波挟联合报中篇小说大奖之美誉，但进军内地文坛时，却遭到了前所未有的冷遇。此时田瑛已主持《花城》编辑部工作，他开始放弃曾给《花城》带来巨大影响力亦带来不小风险的报告文学，提倡文本实验，追求艺术形式的探索。1994年3月，不怕争议的田瑛顶着压力签发了王小波被四处退稿的小说《革命时期的爱情》。这是王小波在国内最早发表的小说。“《花城》陆续发表过王小波的几个中篇小说。可以说王小波就是《花城》推出来的。”

在人们眼中，广州遍地黄金，田瑛就是心无旁骛的“编痴”。其实，田瑛自陈也动过凡心。朋友中有经商发财的，他学着进了生意场。经过周而复始的“希望，失望，再希望，再失望，直至彻底绝望”，妻子劝他：“只见你忙，没见你赚一分钱，倒是你坐下来写几天东西，还能得点稿费。”从此，田瑛安心在家看稿、写稿，凡来者只准谈文学。

“湘西历史上只出两种人，土匪和作家，如今土匪不准出了，看来，我只能走作家这条路。”田瑛在小说《风声》中说主人公“我”是《乌龙山剿匪记》中匪首田大榜的堂侄，作风强悍的他被圈内朋友顺势冠以“湘匪”的名号。“从此，我竟然以土匪而知名，作家头衔却弃之而去。” 田瑛无奈，继而洒脱：“是土匪，又如何？想一个孤匪居然能够在外地立足，给现代都市制造一点匪情，倒也惬意。”

酒风浩荡，两肋插刀

15岁那年，田瑛尚未初中毕业，他想参军，借此跳出农门，但因年龄太小一直未能拿到体检表。一个偶然机遇，他认识了所在区的武装部部长兼体检站站长。部长嗜酒，每天晚餐都要打酒喝。一次天降大雨，部长嘟囔着喝酒要泡汤时，田瑛冲进雨幕，仅用几分钟时间，就将酒送到部长手中。此时部长严厉训斥了浑身湿透的田瑛，但田瑛看得出他眼里的赞许。命运由此转机，田瑛如愿拿到入伍体检表。

作为中国一个重要的文学码头《花城》的掌舵者，田瑛少不了要参与众多的宴请。席间，酒是少不了的。“湘西土匪”的声名让很多人误会田瑛的酒量深不可测，在被敬酒和被劝酒中，田瑛的酒量确实也天天见长。后来因体检出身体有“三高”，田瑛才学会在众目睽睽下服药。但抵不住席间朋友的热情。“敬酒不喝总是不好。”田瑛最怕别人说他耍大牌。一杯两杯喝着，不一会儿，田瑛会“端起酒杯主动挑衅”。郭小东说，“要治理田瑛的最好办法，就是激将他。他声称绝不会中计，但常常中计”。

如今，朋友约田瑛饭局，没有老酱香，似乎不成敬意。每次喝酒，一瓶酒分完，田瑛会用硬物撬掉瓶口残余的瓶盖，将瓶盖中的残酒沥进自己的酒杯，再心满意足地向瓶子里扔进几根烟，盖好瓶盖；尔后，酒酣，众人分而抽之。

酒风浩荡的田瑛，行事无“义”的话，“湘匪”的成色肯定要大打折扣的。多年前，田瑛毫不犹豫地为朋友的亲戚出具保书，事后被其他朋友责备，说他太冒险了，如果所保之人杀人、抢劫、贩毒了怎么办？“提醒的话是有道理，但事情放到今天，我仍然会这么做。我们常说为朋友两肋插刀，权当我为朋友两肋插一回刀罢了。”田瑛说谢天谢地，好在一切平安过去。

2005年晚秋，田瑛和一波朋友准备从广州去西沙采风。临行前，人们把晕船描绘得非常恐怖：“一次给岛上运送物资，关在货舱的一头活猪都难受得跳了海。”田瑛向来怕晕，加诸刚刚体检过，血压、血脂、血糖、尿酸、胆固醇等指标统统居高不下，他担心此去难免出现意外。启程前一夜，田瑛又被同行中的一个健康“专家”宣判为糖尿病患者。真是祸不单行。在“专家”眼里，田瑛应住院治疗而不宜外出。“我是这次笔会的联络官，联络那么多人，把他们请来晕船，自己却弃船而去。我难道就不想一下后果吗？”田瑛知道后果，于是硬着头皮上船，其时，他刚处理完母亲后事，身心俱疲。万幸的是，他们从深度晕眩中虽狼狈但安全地返回。

故乡，不能归去

“像我这种年纪，在过去习惯早婚的乡下，或许已是曾祖父的辈分了。假如不在人世，那么就名正言顺被称作祖先，在另一世界里拥有一座属于自己独居的小屋，年年受到后人祭拜。我的人生之路总是走得缓慢，迄今依然停留在父辈遥想未来。未来，当我也成为祖先，我将在何处？是枕着故乡的青山长眠，还是装进石制小盒永久地寄居别人的城市？……”

2015年初，一篇讲述故乡的散文《未来的祖先》在微信朋友圈刷屏。这篇饱含反思力度的散文在年初获得《边疆文学》年度散文奖，《新华文摘》3月予以全文转载。“这篇散文是偶然之作，非计划中作品。”田瑛笑着向笔者说明。

田瑛早年以小说家和编辑家身份行走文学江湖，但散淡之性早被文朋诟病。早年出版过中短篇小说集《龙脉》和《大太阳》后，基本没有出版个人专著，“忙于编辑事务，忙于和作者喝酒”。评论家王干也感叹：“田瑛的小说不多，与时下某些高产作家相比，实在是低产，甚至算得上是歉收。”田瑛说他学不会高产，有时面对“文字这支队伍我常常无能为力，它们太不听调遣了，一气之下真想彻底解散它们，但实在又舍不得这些患难兄弟，因为它们毕竟替我打下了一小片天下”。一部他给朋友念叨多次的长篇小说断断续续地写，中间因电脑坏掉，文件丢失，又开始完全重写。

2014年，田瑛在整理出版个人首部散文集时，发觉没有镇书之作做书名，于是，他又将目光返回故乡。“《边疆文学》明天要进厂印刷了，编辑今天才接到我稿子。”田瑛说无意的急就章，反而激荡起他沉淀多年对故乡的复杂情感，一鼓作气，写出了最近几年自己认为还算满意的散文。

“老家自古巫风盛行，除了赶尸，还有轮回转世一说。它们就像两条并行的河流，在湘西的岁月中经久流淌。前者因时代的截流露出了干涸的河床，后者却依旧暗流涌动。人死了会投胎转世为新的生命，或人，或畜，或植物。这一观念至今在民间大行其道。”在《未来的祖先》一文中，田瑛写出了自己对故乡神秘人事由怀疑到尝试理解，到学着尊重的心路历程。

十五岁还是懵懂少年时，一心想走出湘西，而今年逾六十，他再一次以悲凉的文字走回了湘西。此时，田瑛刚从《花城》荣退。郭小东说，百年文学中，沈从文构筑了“第一种湘西”，“多了怜恤”；孙健忠（曾任湖南省作家协会主席）营造了“第二种湘西”，“少了一些温婉”；而田瑛，虚拟了“第三种湘西”，“以鬼眼去穿透湘西”。

故乡终是回不去了。田瑛曾打算，退休了，正好可以有时间进行一个计划：从生日那天进驻寨里，每天写一篇日记，有个人所见，有当日国内和国际的大事，持续一年。谁知，目睹祖屋的荒芜，以及个人“身心的娇贵”，田瑛说他居然连留宿一夜也不能做到。

故乡不能归去，何处话凄凉?

可爱的傲气

“一个人只拥有此生此世是不够的，他还应该拥有自由的世界。”化用王小波的名言，概括当下的田瑛，几近准确。

2005年，著名作家邱华栋在一次饭局上，碰到了田瑛。田瑛告诉他，刚出版了一本小说集《大太阳》，并且郑重地强调：“写小说的和读小说的，应该看一看。”邱华栋常在《花城》发表小说，他知道作为著名编辑家的田瑛，眼光刁钻而优秀，但从来不知道田瑛还在闷头写小说。“看完了这本《大太阳》，我真是十分吃惊。”邱华栋事后在一篇评论中感叹，田瑛那句十分自信自得的话，“绝不是吹牛不打草稿，绝不是虚妄和自大的，而实际上竟然还是比较谦虚的说法呢。”

法国人类学家列维·斯特劳斯有部名为《野性的思维》的著作，他在书中将非科学性的原始思维称为野性的思维，以区别于那些普遍性的思维。作为湘西出身的土家族人，田瑛创作小说有着一种天然的野性思维。王干在一篇文章中回忆到，1985年前后，曾有一批湖南的作家到湘西去采风，以获得“野性的思维”。在他看来，这是一个可笑的事情，就像现在有一些人模仿法国人的口吻批判中国的后现代一样可笑。这种缺乏独创精神的模仿，无非是受到拉丁美洲的魔幻现实主义成功的影响，想迅速制造出中国的《百年孤独》来。“而真正的魔幻是模仿模不出来，是采风采不到的。魔幻在于一种野性思维，思维则是不可以克隆的，它不像文学形式那么容易复制。田瑛这种野性的思维则是原创的，或者说从骨子里自然生长出来的。”

广东省文学院院长熊育群和田瑛相识多年，在他看来，田瑛总以一种锐利的目光看人看世界，自己的立场、观点、好恶，绝不轻易改变。“表现在他的创作上，就是自己坚持的东西，你别想改变，甚至是一点点影响，都没门。”

想来，田瑛的骄傲是有底气的。毕竟，实力是有目共睹的。

早年的军旅生涯中，田瑛是报务员出身，他的抄、发报成绩是报务部门最好的。因为业务成绩突出，所以田瑛没有被按时退役；但因爱好文学，业余时间，田瑛会参加各种采风或报道活动，甚至上班时间有时也会因此请假，让领导认为田瑛不务正业。所以，田瑛在部队一待八年，没有被提干。

但田瑛并没有因此讨好领导，放弃文学爱好。“每到周末，我都会去距离军营很近的图书馆借书，从未间断。我几乎看完了一家地区级图书馆的全部文学书籍。”他的坚持，终于引起上级文化部门的重视。

1990年，田瑛收到中国作协的入会申请表。“当时没在意，弄丢了，我也没有再要。”田瑛笑着回忆，几十年来，大家都以为他是理所当然的作协会员，但实际上他一直没有加入作协。

广东省出版大楼自实行打卡上班制后，田瑛从没打过，直至退休。他喜欢自由，拒绝任何形式上的限制。甚至迄今连人皆有之的职称也没有，这在体制内是不可想象的。他说信奉无欲则刚，无为而治，“因此失去了很多，当然也有所得，这便够了”。

“我的写作如提灯夜行。众人聚集在阳光下争相奔跑，我不为所动。”这是田瑛对自己写作的界定。写作如是，其做人，何尝不是如此？“对于我，只要那一团光照耀便可，最终也能到达我想去的地方。”

“说实在的，我不怕失去，不想那点名利，谁能把我怎样？”田瑛身子向沙发一仰，有点自得地强调，笔者赶紧补充：“你却得到了自由。”他笑容一闪，点了点头。

田瑛，编辑家、作家，《花城》杂志名誉主编。1975年从事文学创作，曾任《花城》编辑部主任、执行主编和主编。迄今发表和出版诗歌、散文、小说等文学作品近100万字，出版有中短篇小说集《龙脉》《大太阳》，散文集《未来的祖先》等。许多作品曾在海外发表和连载，并获得各种奖项，评论界称其写出了“第三种湘西”。

他左手商业，右手文学。一边是推杯换盏的商海应酬，一边是对“物质上的欲望、精神上的虚伪以及各式各样的装腔作势”的冷眼旁观，他试着用笔赶走身边的“各种冷漠、纨绔、戏谑和贪婪”。中篇小说集《昊天皇敕》，这个凝聚他五年心血的成果的诞生，终于让他从深重的孤独中走出，在文学创作中，他找到了久违的家的抚慰。

杨卫东：寻路回家

“启生双肘抱膝，安静地坐在沙岭高处的秃峁上。在启生模糊的感觉中，这个黄昏太美妙了，整个西半天都是红彤彤的火烧云，壮观至极。启生惊叹之余，觉得那云就是火，暖暖的，让人舒服。”这是他2010年发表在《青年文学》上的中篇小说的第一笔。杨卫东对于黄昏落霞的特别偏好，贯穿于他的多部小说与现实生活。

杨卫东现居广东，20世纪90年代初，那个崇尚文学，作家能够成为明星的年月，他顺利地将小说处女作发表在文学名刊《延河》上，并如愿踏入京城魏公村军艺的大门。

2008年底，一次偶尔的家务整理，杨卫东翻出昔日的作品，“满满一大纸箱子”。之后整个下午，他一头埋进回忆中，一度眼眶潮湿。这种久别重逢的激动，居然激荡起他重新创作的激情。

落霞的哀伤之美

在杨卫东的晋南老家，民间巫师们祷告唱词最后一句常是“昊天皇敕”，意为“天说，祈愿平安和睦，敬天爱人”。在中篇小说《昊天皇敕》中，杨卫东围绕神庙丢碑一事，展开少年根旺的烦恼之旅。神倌赵广泰来历隐秘，突然来到圪垛村，如发现宝贝样，在庙院旁住下来。“文化大革命”中，知青队要来拆庙，魔幻开始上演。四块将要被砸的、雕刻着四幅神秘图案的石碑不翼而飞；一窝旋风突然落在了牛槽里；主张拆庙的知青队长突然中魔，狂奔30里……

在这篇小说中，杨卫东注入了他少年的记忆：对乡土中国秩序与善良的怀念，对人性之美被毁坏的惋惜。“《昊天皇敕》里的神倌在我的童年记忆里很深刻，他很冷漠，而我始终能在他身上感觉到温暖。对于这样的人，偏见很多，但真正的风水先生，是看透人性的。”杨卫东一直想把记忆中的神倌告诉给更多对传统抱有温情的人，现在，他终于用了神倌经歌的最后一句“昊天皇敕”完成了一次记忆的复原和临摹。

少年的杨卫东与根旺一样，都有一个漂亮的女知青姐姐，“圆圆的脸蛋儿，白皙而光润，两根小辫子乖巧地守在颌边”。都那么忧郁，喜欢在夕阳下陪着喜欢她的小弟弟忧伤地看晚霞。

那时见城里的漂亮姐姐，都要洗干净脸和手。老师喜欢带他去小山岗上看夕阳，“落山的晚霞那么美，仿佛就是为了老师一个人绽放”。“那时我还上小学，只知道老师离开繁华的城市，来到我们小村庄，是天使遗落凡间。她一个人，对我们那么好。老师最后要离开，我舍不得，就拉着老师的手，说，你嫁给我二哥吧。”那是一个单纯的乡村少年对于美好易逝的最早体验。

晚霞之魅，成了杨卫东回忆童年的经典话题，亦是他小说创作时最为兴致勃勃的渲染对象。

父亲的怒与悲

威严的父亲，是杨卫东懈怠与浮华时最容易想起的人。这个常年耕耘于晋南山区的老农民，平日在子女前多是以沉默与冷峻的形象出现。杨卫东记得，他八九岁时，每年冬天都要跟随大人去大队农田水保工地干活。一次休息期间，有人想让卫东翻个筋斗。卫东不想无偿表演，就以卷烟为交换条件——他想以卷烟孝敬在工地另一处忙碌的父亲。父亲问卫东烟是怎么得来的。“翻筋斗赢的。”他说。父亲当即铁青着脸，一个巴掌上来，烟被扇落于地。“他认为我那样做，是丢人现眼。”杨卫东回忆道，“不管家境穷还是富，父亲都反复告诫我们，一个人活着，尊严尤为宝贵。”

20世纪80年代，对于怀抱大志向而没有考上大学的乡村青年来说，参军或许是唯一的出路了。1983年底，杨卫东应征入伍。第一次探亲时，杨卫东背了四十多公斤的行李，里面装满他用津贴给亲朋置选的礼物。那时临近年关，天下大雪，长途班车抵达老家镇上时已是傍晚，而距离他的村子还需徒步30里山路。厚厚的雪地上，狼的爪印时隐时现，杨卫东有些胆战。他忽然想起大人曾说过，狼怕火。尚未学会吸烟的杨卫东便把给父亲买的香烟拆开，点上，让那一点火星为自己壮胆。四个小时后，他到了村口，忽然传来一声呼唤，是父亲在叫他的小名，杨卫东心头一热，急忙应着，但他没有忘记赶紧扔掉手里的烟头，他很害怕父亲看到他吸烟——若干年后，父亲对他说：“你是大人了，抽烟不用躲着我了。”他才敢在父亲面前抽烟。

“还有两天就过年了，我想也该回来了么。”父亲说着接过儿子的行李，那是杨卫东第一次听到父亲如此柔和的话语，那一刻他早已忘记了旅途的劳顿，跟在父亲身后，他已是热泪盈眶。

而杨卫东婚礼上的那场小小插曲，让杨卫东看到父亲要强的另一面。城里长大的妻子天真地以为乡下马多，很多天前就向杨卫东提出一个要求：婚礼那天要骑马。父亲满口应承。在淳朴的父亲看来，准儿媳除此之外，对婚礼没提任何要求，这已够明事理，当即说出门去联系。到了婚礼那天，牵来的竟是一匹毛发邋遢、连马鞍都缺失的老马，根本就不能骑。父亲的表情由尴尬，到气愤，最终含着两眶老泪，无声地呆在了一边。杨卫东知道，那是老父亲为自己的“无能”而伤心。

父亲的怒与悲，就这样如烙铁，一左一右地烙在杨卫东的心上，让他在浮华与吹捧的俗世江湖中，保留那么一份骄傲与矜持。

“是我的虚荣心亵渎了他”

20世纪90年代初，当杨卫东来到西安一所部队政治学院学习时，他惊讶地发现，原来有一群大名鼎鼎的作家就生活在这座城市里，这让他心潮澎湃。喜欢读书的杨卫东接触到了更多文学书籍，路遥、贾平凹、陈忠实的著作，让他内心深处隐藏的一些感动，有了强烈的要奔涌而出的感觉。他尝试着用笔写下。

当然，更令他心潮澎湃的东西便是爱情。“它是真正让我敢于拿起笔，开始文学创作的原动力。而创作似乎也给我带来了不错的运气，我的处女作很快就在《延河》上发表。”杨卫东说。1993年秋天，杨卫东如愿步入京城魏公村军艺的大门，成为文学系第五届一员。

在理想疯长的年纪，杨卫东没有忘记故土的伙伴，那些与他同样怀揣梦想渴望走出乡村的少年。在他的中篇小说《疼痛的乱弹》中，他讲述了一桩真实的故事。小说里的主人公原型，是杨卫东的表哥，也是他童年时的伙伴，他是一个乱弹高手，而杨卫东是他坚实的拥趸，他们有着很深厚的情谊。那一年，他们一起去验兵，表哥因耳疾失去了当兵的机会。每次省亲时，表哥总会热情地来看杨卫东，邀请杨卫东到他家做客，杨卫东“都敷衍了，一次也没去过”。表哥因故去世很多年后，杨卫东才知道，每次探亲期间，为了见他，表哥会专程去到三十里外的集市上买上白酒和吃食。有人曾嘲笑他的表哥，但表哥坚定地给予了反驳，他说他与卫东是最好的兄弟，无关贵贱，三生不变。

明了这一切，杨卫东愧疚不已：“无法想象，我的敷衍会令他的内心多么疼痛。”表哥死于一场意外——在山里挖矿石时，被深深埋入突然而至的塌方之下，几天后才被人挖出。多年商海沉浮，在夜深人静之时，淳朴的表哥时常浮现于杨卫东的眼前。“是我的虚荣心亵渎了他。我唯一能够弥补的，是用文字来纪念他。”

重情重义，成为朋友眼中杨卫东的一个重要标签。任何曾帮助过自己的人，杨卫东都念兹在兹。杨卫东上小学时，给部队当兵的大哥写了封回信，家里却实在拿不出8分钱的邮票。那时他人小，不懂家贫的滋味，而且也太希望大哥能看到自己的回信。生产队长叫上工的吆喝声一遍遍传来，母亲必须要下地了，他却缠着母亲要钱。从家里跟到地畔，自己急哭了，母亲也被缠哭了。这时，李家的婶婶路过，听清事由，说："别哭了，婶子这儿有一毛钱，你拿上寄信去吧。"尽管事后母亲用四颗鸡蛋还了账，但几十年来，杨卫东始终铭记着这件事。后来杨卫东离家远行，每次探亲他都要去看望这位婶婶。2014年，婶婶去世，杨卫东专程从广州飞回山西老家拜祭。"那一毛钱的恩情，实在是千金难换，似乎永远报答不完。"杨卫东动情地说。

杨卫东的中篇小说《白云青云》发表在《边疆文学》2014年第11期，之后又被《中华文学选刊》转载。听他讲述，这个中篇的创作也是有生活依据的：两个很要好的朋友，因为竞争同一个职位，最终竟走到形同陌路的境地，让人唏嘘纠结。"人到中年，友情和欲念不再意气风发，却常常要接受两者短兵相接的考验。"见过了名利浮云，杨卫东还是觉得抓在手中的友情才是踏实的，"我试图以这样的形式调解两位朋友间的恩怨，也许徒劳，但至少我告诫着自己，什么才是最珍贵的"。

领悟另一种孤独

对文学的热情，杨卫东经历过狂热与心灰，继而热情再起。1995年，从军艺毕业后，杨卫东一脚踏入当时中国市场化程度最高的广州。“一切都变了。自己所热爱的，竟常常被人报以不屑，甚至讥笑，甚至自然而然地把你孤零零地丢在一边。”杨卫东事后回忆，渐渐地，“那份不着边际的骄傲就像一尊泥垛子，在南方无常的雨水里，变得脆弱无比，很快就被冲刷成泥水，不见了踪影……”不见踪影的，还有文学创作的冲动。

之后的这十多年间，杨卫东双手搏击市场经济，他渐渐习惯了充斥各种欲望和恭维的眼神，但也常常体味着孤独。“那是一种被冷漠、纨绔、贪婪包围着，令你又无处逃脱的孤独。”“从部队转业后，我一头钻入经商行列。我得承认我不是一块经商的材料，更不是那种精明的江湖老手，更令许多人费解的是，某些时候，我会轻易丢掉一些赚钱的机会。”杨卫东说，“也许只有我自己知道，我从来不可能放弃自己身上那一点点矜持。”

2008年那次整理家务，似乎是命运之手的指引，杨卫东翻出了昔日的作品集。似乎被电击一般，他开始回味当年这些作品带给自己的愉悦。在杨卫东看来，这是多少钱都难以买到的。“从那天开始，我便有了一种欲罢不能的强烈冲动，我想写小说了。当我坐在电脑前，刚创建了一个文本窗口时，我的内心竟然隐隐萌生出一种羞涩，我是那样迷恋这种感觉，我又回到了真正属于自己的世界。”

2009年，杨卫东重启文学创作之程。重新拾笔后的第一篇作品

《伫立风中》费了杨卫东不少心血，但自我评价不高，“很冗长，八万多字，但实在不能称其为作品，烂极了”。杨卫东壮着胆子寄给了军艺的同学，他需要倾听批评，需要有人指点迷津。2010年大年初一，杨卫东在北方老家接到了远在京城的同学打来的祝福电话，她同时传给了杨卫东一个特别喜讯：“你的中篇小说《启生的黄昏》已过《青年文学》编辑部的三审，将在第二期下半月刊发。”那一刻，杨卫东激动万分，他在给病榻上的老母亲磕头时将额头紧贴在地板上，“眼含泪水，久久没有起身”。

杨卫东的朋友圈，这几年来,开始覆盖广州的文学俊杰。中山大学教授谢有顺、《花城》杂志名誉主编田瑛成了他无所不谈的朋友。杨卫东至今难忘：在一个闷热的夜晚，田瑛和他在偏僻的排档畅聊文学，不知不觉一瓶老白汾被扫荡一空。“那天晚上，田兄的话题始终没有离开卡达莱和卡尔维诺，始终都在阐述结构对一部作品的重要性。”在与杨卫东“三五天一见”的谢有顺看来，杨卫东是一个天生的作家。“这是一个有精神原点的人。这个原点，简单地说，就是故乡与军营。一个是少年生活，一个是青春经验，它们共同构成了杨卫东最重要的人生记忆。”

如果说，父亲给了杨卫东刚强与自尊，那么母亲则以对命运的别样理解，让他明白放弃也是一种成长，一种勇气。母亲老家河南内黄，1942年冬天，13岁的她和7岁的小弟被自己的二哥悄悄卖给了人贩子，继而被稀里糊涂地拐卖到了山西，一生再也没有回过老家。往日母亲每讲到这些，总会长长吁上一口气，喟叹：“有时候，实在找不回来的，就别找了，找也没用，老天给你的便是你的，人家不给你，搭上命也没用。”在父亲离世后不久，母亲再次平静地重复了这些话，这次“它忽然宛如一缕轻风，只是如此轻轻一拂，便驱散了长久盘踞我心底的阴霾。我常常感慨，人一旦走到中年，竟然变得如此容易妥协，一句话，一个眼神，一个举止，甚至一个不经意间的发见，都会轻易触碰到你的内心深处最柔软的部位”。

这个酒桌上最低调的买单者，很多时候文友看到的是他豪爽的言语，爽快的酒品。酒酣耳热之后，同样有一种孤独徘徊脑际，但似乎与以前的孤独不甚相同。杨卫东有时被这种复杂的情绪纠结着。“直到后来，看到有人这样言道：人生的最高境界是孤独！我仿佛一下子释怀了。”

杨卫东，商人，作家，现居广州。1966年生于山西乡宁，1983年入伍，曾赴滇参战。中篇小说集《昊天皇敕》由花城出版社出版。

以诗歌评论家闻名的敬文东是著名诗人张枣的同事和朋友，对当代诗歌、鲁迅研究，他屡有惊人之语，但他不乐于圈内交游。在好奇心的怂恿下，他喜欢跨界探索。

敬文东：愈好奇愈跨界

20世纪80年代初，湖南人张枣顶着诗歌的风暴入川，考入四川外语学院，以《镜中》《何人斯》等作品一举成名，成为著名的“巴蜀五君子”之一。诗人柏桦说，张枣二十出头写出的《灯芯绒幸福的舞蹈》，就足以让他的同行胆寒。那时，令在四川大学读书的文学青年敬文东幸福的是，他很喜欢张枣的诗，后来也和“巴蜀五君子”的其他四人认识，“很可惜，那时张枣已经去了德国，没有机会结缘”。

但缘分终于到来。2005年年底，诗人欧阳江河给已在中央民族大学任教的敬文东打电话，说张枣想回国教书。当时北大想让他去，但张枣不喜欢北大，一个主要的原因是觉得不好玩。“张枣是个爱玩的人，他想到我们学校来，因为中央民族大学民族众多嘛。”敬文东当时和张枣约在中央民族大学西门见面，那已经是2006年的春天。在西门，敬文东看见有一个年纪挺大的人似乎在等他，就贸然地问："你是张枣吗？"对方旁边一个男人抢话道："我看起来有那么老吗？"就这样，在敬文东的牵线下，定居德国20年的张枣回国落脚于中央民族大学，且和敬文东同一个学院，一个教研室。

敬文东，这位从修习生物学转到修习文学，写诗，同时也是诗歌批评家的学者，多年来，一直怀念那个视诗歌为生命的诗人张枣。"事实上张枣在查出病来的前一天还在坚持上课，当时身体已经非常虚弱了，都是学生把他扶上去上课。"张枣在2010年2月26日放疗结束后给敬文东发了短信，其中有这样一句话："办法总比困难多，只要思想不滑坡。""他跟我说他肯定可以熬过去，还叫我早点睡觉。"

张枣与国内的诗歌圈保持一定距离。这么多年，尊张枣为诗歌天才的敬文东一直有着诗歌批评家的身份，却对国内诗歌圈若即若离。若即若离，成为以学术持身的敬文东的一种生活态度。

在"学好数理化，走遍天下都不怕"的年代，喜欢爱因斯坦、想当物理学家又想当诗人的敬文东考入四川大学生物系。因"对生物学这门伟大的学科毫无兴趣"，于是敬文东天天写诗、抽空去物理系和数学系旁听功课，以至于被他的同学视作不务正业。但不到一学期，他意识到，物理学家的梦想此生是绝对不可能实现的事情，但成为一个诗人也许还值得一试。"我上大学那个时期，成都是诗歌的圣地，那些现在听来如雷贯耳的名字经常在眼前晃荡，他们写下的分行文字让我激动不已，甚至夜不能寐。但我那时十分羞涩，跟大多数只年长我十岁左右的'第三代诗人'中的各路豪杰都没有任何联系，写诗纯属个人地下行为，只远远打量他们并偷取他们的技艺。”偷偷仰慕，似乎是他保持自尊、维护写作快乐的一种方式。

研究鲁迅，也算敬文东学术批评生涯中的一个意外。在敬文东看来，国内“鲁研界”所做的工作，“与其说是在弘扬鲁迅，远不如说是在成功地消灭鲁迅”。一次偶然机会，敬文东得到了书写鲁迅的机会。在《失败的偶像》这部书中，敬文东号称重读了鲁迅。依他观察，许多年来，“鲁研界”是按如下思路对待鲁迅的：革命家的鲁迅、思想家的鲁迅、文学家的鲁迅、痛苦的鲁迅。前三者在鲁迅研究中几乎是当然之论。在他看来，发现“痛苦的鲁迅”，其首功当推钱理群先生，时在20世纪80年代中期。“我至今认为，这是一个十分重大的发现，尽管今天看起来可能稀松平常。而我想强调的，则是失败的鲁迅，也就是想把钱先生的思路再往前推进一步，没有否定鲁迅的意思。”敬文东说，一整部中国现代文学史上，对失败感的体验之深、之广，恐怕没人超得过鲁迅。“正是这一点，造就了鲁迅的魅力。”

一个不是“鲁研界”的人，放肆批评，他理由充分：“我似乎从来就不是一个遵照营业执照划定的范围进行学术经营的人，我就是愿意在卖羊肉时偶尔越界去干点别的，但你管得着吗？”

不断跨界，以批评家持身的敬文东，始终不是圈内社交达人，即使近年来他获奖连连，被圈内闻人推崇。“对我来说，唯有平静、安详的书斋生活是重要的。但从很早开始，我就决定不算计成功，只算计乐趣。我也决定不算计做事情的意义，只问自己是否愿意做。”

[对话] 以好奇心为旨归

“性情是不可解释的”

笔者：你最初的理想是当物理学家，大学时学生物学，研究生阶段转到文学，跨度很大，为什么？

敬文东：其实，上了大学，我很快就发现，我根本没有做物理学家的才能，纯粹是因为崇拜爱因斯坦，才有那种不可思议的理想，但这种念头是真实的，也曾为此努力过。转学文学，是因为喜欢诗歌，不喜欢实验性的学科，如生物。你想想，一个用乙醚麻醉兔子，以便给兔子测脉搏，却把兔子麻醉死了的人，有什么资格学习那门伟大的学科呢？

笔者：对鲁迅和胡适的并列解读，曾是一种风尚，你对两人的差异怎么看？

敬文东：鲁、胡二人有过很短暂，也挺君子气的交往。但他们在个人关系上，很早就分道扬镳了。我想，他们可能彼此都不喜欢对方。鲁迅似乎对留学欧美的人素无好感，他对徐志摩、陈西滢、梁实秋等人的态度，很值得玩味。其间并无多少根本性的冲突，甚至谈不上多大的个人恩怨，出于性情不和的原因恐怕更多些。我赞同性情是不可解释的阿基米德点这种奇怪的说法，性情却能真实地发挥作用。

在胡、鲁生活的那个异常复杂的年代，所谓缓行“费厄泼赖”，所谓宽容，都是针对具体的情与事，它们只是从语词的层面上看起来互相矛盾。在面对具体的事情时，也许所谓宽容，骨子里正是不“费厄泼赖”的意思。反过来看，也必将如此。朋友们当然可以将鲁、胡并列解读，但我建议应该将他们放回原来的历史现场；仅从字面冲突上看待胡、鲁之间的关系，就太抽象了。除了满足某种有趣的心理期许外，其实没啥实际意义。

笔者：李泽厚是阅读生涯绕不过去的人物，你对他一直很推崇?

敬文东：20世纪80年代，李泽厚类似于今天某个当红的歌星或影星。最早当然是读他的《美的历程》，那应该是我的美学启蒙之作。这部篇幅不大的书，我时时阅读和温习，至今都能给我带来启发。后来，陆陆续续算是读完了李先生的所有著作，有些书至今还常读。李先生是那种罕见的具有原创才能的思想家，而且很强大。我想说，1949年以后，因为有李先生存在，或至少是有李先生那样的人存在，中国大陆才有机会免于思想的荒漠，才不至于沦为彻底的废墟。

文学批评比拼的是见识

笔者：你对现有的学术规范持批评态度，你理想的学术规范是什么?

敬文东：我对现有学术规范中最基本的东西没有批评，比如精确的注释、谨严的引证、细密的概念分析，等等。我不满意的是文风。中国是个美文大国，你去读读《庄子》《韩非子》，先不管内容，仅字句的顺畅、抑扬顿挫，就让人陶醉，几乎不能更动一个字。就连本来应该枯燥的医学著作、农学著作都是美文。现在呢，学术文章不写到面目可憎、不堪卒读决不罢休。我心目中的学术文章的标准是：有真正的创见、文字漂亮，然后再加上现有规范化中最基本的成分。

笔者：文学批评随着网络的兴起而泛滥化，文学批评真没门槛吗?

敬文东：我向来认为，文学批评不是学术，它比拼的也不是知识，而是见识。依我看，优秀的文学批评的门槛是：渊博的学识、卓越的概括能力、优秀的直觉和判断力、明晰的道德感，再加上精彩的文字表达。至于一般性的文学批评的门槛嘛，我看只要把“渊博的”等几个形容词去掉就行。网络上很随意出现的那些东西，不可能降低文学批评的高度，除非文学批评自己给自己降低了高度——这才是问题之所在。

笔者：决定你的研究方向的因素是什么?

敬文东：我的所有研究——说写作更中性一点——都跟这种好奇心有关。我想从总体上搞明白，我们中国人究竟是怎么回事，我们中国人何以是这样的，为什么不可以是那样的。我的理想是，动用能够动用的文体，动用能够动用的不同学科、不同门类的知识，一起来对付这个坚硬、庞大的问题。由此，也许会出现一个有想法，也很令人新奇的文本。我期待着能完成这个工作。果然如此，则此生幸甚。而目前，这项工作只能说还处于准备之中。

敬文东，作家，批评家，学者。初学生物，后学文学，中央民族大学文学与新闻传播学院教授。著作有《指引与注视》《失败的偶像》《被委以重任的方言》《牲人盈天下》《事情总会起变化》等书。曾获第二届“唐弢青年文学研究奖”等。

“做编辑最重要的不是学问，也不是才华，而是眼光。”回望32载，李昕不悔当初的抉择。既坚持文化品位，又食人间烟火。李昕编书不辍，长及学术泰斗，少至新锐精英，皆与其山河知己互望桃潭。与老中青三代作者年年增长的友情，够他后半生幸福地回味。

李昕：要食人间烟火

“我这大半辈子，下乡不算，只从事了一种职业，就是编辑。”坐在一间靠近北京火车站的办公室里，卸任北京三联书店总编辑的李昕向来访的笔者侃侃而谈。字正腔圆的语调，与他挺拔俊朗的身型相得益彰。经手过周扬、冯牧、陈荒煤、茅盾、丁玲的文字，与周有光、杨绛、蓝真、王蒙等多有接触，京城多豪杰，李昕已习惯隐退于大词与光鲜之后。他骄傲编辑这一身份给予自己的丰富馈赠。

“几十年来，我不在意做官，而重视做事，‘出好书’是我一生的理念和追求。”三十多年编辑生涯，李昕阅书无数，因好书而交友，因友而出好书，由他策划或编辑的两三千本书，就是这句话最好的注脚。

“我最近在写一本书，回顾几十年来与这些文化大家交往的故事。”李昕告诉笔者，这些名流对学术与文学的真诚、为人的坦率、胸襟的开阔，有流传下去的必要。

相遇香港出版“教父”

2014年11月27日清晨，北京的寒风中，李昕接到一个来自香港的噩耗，蓝真刚刚去世。“我顿觉天地失色，泪水夺眶而出”，“我与蓝公有一份特殊的感情。这是因为蓝公于我，堪比恩师”。三天后，一篇回忆恩师的文章就挂于新浪博客上。

李昕在香港的编辑生涯，正因有了蓝真的点拨，风生水起。蓝真早年参加广东韩江纵队，抗战打游击，继而转入生活书店，25岁后主持香港三联书店，长期为香港中资出版界主要领导人。那时虽然退休，却仍然是香港三联的精神导师，公认的香港出版界的“教父”。蔡澜与蓝真有较密来往，在蔡澜眼里，八十多岁的蓝真讲话大声，笑起来像个儿童，酒愈喝愈猛，时常听蓝真说：“办出版的，需要一点勇气才行。”

李昕在香港三联工作时，蓝真总是提醒李昕，越是本地的，越是有特色的，越有价值。蓝真不止一次地谈起廖承志对于“三中商”（三联/中华/商务）的定位：三联要“旗帜鲜明”，中华要“文史传家”，商务要“正襟危坐”。说他本人多年来，一直在实践廖公的话，要李昕一定记牢。李昕说：“我听了有如醍醐灌顶，觉得廖公真是慧眼澄明，一语中的。”

2005年初，李昕被上级机关调回内地。蓝真知他要走，很是不舍。真正离开了蓝真，李昕才日益体悟到蓝真的价值。“虽然我去香港三联之前，自认为是个训练有素的编辑，也懂得要出好书，要出精品，但是真正树立出版理念，还是在认识蓝公之后。我从蓝公身上，更多地懂得了一个出版人要以图书参与现实。”

当年自武汉大学毕业后，立志要做编辑时的情景，李昕仍不时记起。“做编辑最重要的不是学问，也不是才华，而是眼光。”已近而立之年，面对留校、留学等机会，李昕毅然选择了去人民文学出版社做编辑。

事不凑巧，李昕被分到了人民文学出版人事部。一日在食堂，当时的总编辑屠岸独坐一桌埋头吃饭，李昕瞅准机会毛遂自荐，希望能让他做编辑试试。屠岸沉思一会儿，落下四个大字：“一言为定”。

一朝踏入出版界，李昕的编辑生涯自此海阔天高。

“你是我学术生涯绕不开的人”

“编辑出版的《中国现代小说史》，让我与学者杨义结下了近30年的友谊。”李昕回忆道。这是奠定李昕编辑地位的开山之作。

李昕如愿进入人民文学出版社现代文学编辑部理论组，才发现，编辑部中严文井、韦君宜、牛汉、舒芜、楼适夷等一代名编云集，作者中黄药眠、唐弢、蔡仪、蒋孔阳、胡风等老一辈文艺理论家捉旗扛鼎，在这样一流的平台之上，李昕的压力可想而知。

当时组里曾收到了一部三卷本长达一百五十多万字的书稿——《中国现代小说史》，作者是青年学者杨义。编辑们读过书稿都啧啧称奇，但又着实为其忧心，没人拿得准这书能不能出——毕竟作者年仅三十出头，资历尚浅，书稿又着实是个大部头。在那个年代，哪怕是省里一个不知名的作家，谁能在人民文学出版社出本小说，就立刻在圈内站稳脚跟，或者自此“改头换面”。

李昕想接这个烫手山芋。他立刻报告给副总编辑李曙光，未料到李曙光当即将了他一军：这种书若要出，就得按出版高校教材的程序办；若要按一般的学术著作出版，还是免谈。李昕没有退缩，拿着书稿“直捣黄龙”，约访高教部教材司，对方秉公办事，提醒李昕，“做教材也可以，不过也得有名家推荐”。

李昕信心大增，回去同杨义一商量，四个推荐人很快确定，两位是杨义的研究生导师，唐弢、王世清，另两位是北大中文系教授严家炎和中国社科院文学所研究员樊骏。四位学者都写了热情洋溢的推荐信。“人家那边不需要你送一分钱的礼，不需要你找一个关系，一看到这四份推荐信马上就批准。”

随着《中国现代小说史》的出版，杨义被破格提升为副研究员、研究员，破格选聘为学部委员，破格分房子，“三卷本每出一本就破一次格，后来做了中国社科院文学研究所所长”。自此杨义的学术道路畅达无阻，夏志清称其为“新一代治小说史、文学史的第一人”。杨义常跟李昕说，“你是我学术生涯绕不开的人物”。这部鸿篇巨著后来获得了新闻出版总署首届（1978—1990）“国家图书奖”提名奖。高山流水遇知音，李昕与杨义的相逢，无疑成就了彼此人生中的一场空谷绝响。

“杨义后来有几本稿子，全是在我手里面起死回生的。”二人后来合作的《中国现代文学图志》以及《鲁迅作品精华》（选评本），皆开图书出版界的一代新风。20世纪90年代初，杨义收集了几万张图片，编纂了一本《中国现代文学图志》，首创了图文互证的文史研究方法，但几经辗转，书稿始终未能出版。原因是制作图版的工作太烦琐了，令人望而生畏。李昕听说台湾地区一家出版社已准备出版，就把排好的台版样书拿回两本。

当时台湾地区已经采用了先进的电脑排版，而大陆普遍还是铅字排版，照相制版。李昕卷起铺盖，在床上开始工作：把台版样书上的图片一一剪下，再一条一条地配上简体文字，送去照相制版。李昕的妻子至今依然记得一千多张图片铺满一床的忙乱情景。此书一经出版，几个月后即再版。

放下身段，参与竞争

在万象更新的20世纪80年代，寻根文学、伤痕文学、先锋文学等种种文学流派纷纷破土而出。王蒙在《读书》杂志上发表了一篇文章——《一个值得探讨的问题——谈我国作家的非学者化》，忧心我国有些作家读书太少，“既不懂任何外文，也不懂古汉语和现代汉语的语法”，轰动一时。

时任人民文学出版社副总编辑李曙光和李昕不谋而合——既然王蒙如此倡导，想必也会身体力行。就这样，李昕和王蒙有了第一次见面。约稿时，王蒙还在《人民文学》杂志当主编，等到1985年拿到文艺评论集《创作是一种燃烧》时，王蒙已升任文化部部长。

李昕现在还记得第一次到王蒙家的情景，那是在天桥下一幢老旧的红楼，两人相见即热切地交谈起来。李昕把编辑好的稿子交给王蒙审阅，“你可别给我改错了啊！”王蒙接过稿子说。李昕自信满满：“这哪会啊！”

没想到正聊得热闹，王蒙翻着稿子就蹦出来一句：“你看，这儿给我改错了！”李昕顿时满脸飞红。“王蒙这个人很厉害啊，常常能够一心二用，他一边跟你聊天，一边还能看稿子。”李昕向笔者回忆，原来是文中一处该用“的”的地方用了“地”。

“做编辑一定要守住一条：勤查资料、勤查字典，书稿不要出硬伤。”当年在武汉大学读书时中文系老教授陆耀东的话，在王蒙的提醒下，又一次闪现。李昕说，从那以后，这句话“一记记了一辈子”。

2005年初李昕调回北京三联后，连年春节都要到王蒙家去拜年。“有什么东西你可要直说啊！”李昕总是不忘预约下王蒙的书稿。

三联曾经给王蒙出版过《点评〈红楼梦〉》《红楼启示录》，那几年王蒙在天津《今晚报》开了专栏，续写《红楼启示录》，每周一篇，成书得一两年。“你就等着，我不会给别人，到时候自然给你。”王蒙让李昕放心。

待2009年李昕再见王蒙，却得知书让别家出版社拿走了。“嘿，咱俩不是说好了吗？”李昕一时摸不着头脑。王蒙直言：“我真不想让你太为难，我也知道你想帮我，但人家给我的合作条件，你们三联达不到。”这话深深触动了李昕的神经。思量半天，李昕说：“三联以后会放下身段，参与竞争，今后无论如何，你还是先问问我。”

杨绛先生曾这样评价北京三联书店的特色：不官不商，有书香。一直以来，北京三联书店坚持少而精的出版路线。而面对新世纪图书市场的重新洗牌，三联有了逐渐被挤出舞台中央的危险。离开王蒙家后，李昕内心的波澜久久难以平复。然而三天后，三联竟突然收到了王蒙的书稿——《老子十八讲》。王蒙发邮件给编辑吴彬：“是你们李总把我感动了，他连续几年来给我拜年，跟我约稿，我都没给他，这部书稿算是一个补偿。”

在李昕看来，20世纪50年代的作家中，王蒙是硕果仅存的常青树，新著频出，作品畅销不衰。无论人民文学出版社，还是北京三联书店，对于这样的作家一定要优待。“优质，就应该优价。”李昕认真地说，王蒙作为这一代人的代表，就该有自己的身段。

“在历史的夹缝中创造历史”

30年前，著名作家刘再复和姚雪垠有过一场关于文学主体性的争论，一时沸沸扬扬。

在这样的大背景下，李昕在人民文学出版社主编了一套《百家文论新著》。刘再复的那篇《论文学的主体性》即收录在其第一本评论集《文学的反思》中，作为丛书的一册。《百家文论新著》这个名字，李昕绞尽脑汁才得，但成书的难度依然远超想象。因为丛书收录了各家各派的著作，不断有人打电话给李昕表示不屑于与某某人为伍，让他压力颇大，但他说："出版是社会公器，我支持百家争鸣。"

自刘再复出国后，刘李二人失联多年。直到2004年，刘再复受聘香港城市大学，二人才复相见。李昕去听了刘再复关于《红楼梦》的演讲后，很受启发。在演讲中，刘再复提到传统上《红楼梦》研究分为两派，一派是以俞平伯为代表的考据派，一派是从王国维开始的《红楼梦》论。而自己既不辨也不论，只是感悟其中很微妙的东西。

当时李昕灵光乍现，"悟"虽不是评论，确不失为一种新的研究方法，他当即请刘再复写本《红楼梦悟》。出于对出版环境的过虑，刘再复并没有采纳他的建议。李昕反复约见，"逼"他写就，可等刘再复写出了第一本《红楼梦悟》时，李昕已经要调职北京三联。

李昕想把书稿带到北京出版，刘再复更加不抱期望。2005年底，李昕再去香港城市大学，正好住在刘再复楼下，房号201。天下快意莫若友，快友之事莫若谈，刘再复得知李昕来了，非常欢喜，当夜十一点半从301打电话到201，两人约在了楼下的咖啡店。刘再复不明白自己的书为何一直不能面世。"意识形态性太强，"李昕一语道破，"干脆从古典入手。"李昕建议刘再复从美学的角度再悟《红楼梦》。刘再复很受启发，一连写了四本，集成《红楼四书》。

李昕如约在北京三联出版了这四本书，没请示，没送审。出版后，各个出版社就像发现了"新大陆"——刘再复的书还可以出！直到现在，刘再复的书出了将近40本。这场"破冰之旅"让刘再复无不感叹：“你是在历史的夹缝中创造历史。”

“三联一定要食人间烟火”

2005年初，从香港回北京三联工作后，李昕发现，有一段时间，北京三联的选题中风花雪月的题材比较多，钻学术象牙塔的艰深书籍也不少，关注现实的著作却十分匮乏。李昕便在编辑中呼吁“三联一定要食人间烟火”。

他很快付诸行动，亲自参与或主持策划了一批具有强烈现实观照和人文关怀的图书，包括傅高义的《邓小平时代》、于幼军的《求索民主政治》、吴敬琏的《直面大转型时代》等。

吴敬琏一直强调中国又重新站在了历史的十字路口，必须当机立断，重启改革议程。李昕告诉笔者：“他非常坦诚，敢于直言，这种知识分子的担当和胆识，是其他很多经济学家所没有的。”出版作为市场改革派代表人物吴敬琏的书，就是在“食人间烟火”。

《直面大转型时代》图书出版后，凡是和书相关的讲演，吴敬琏欣然往之，不取一文，而商业讲演一概拒绝。“现在很多经济学家把讲演当作一场表演，动辄出场费十几万，但吴先生只希望别人能读他的书。”李昕至少陪吴敬琏跑过十几场演讲，李昕好问道，吴先生好解惑，忘年之交却相谈甚欢。

2012年7月1日，是三联的80周年店庆。筹备中，李昕和同事们要编辑一本纪念性画册。以什么为题目，颇费心思。想来想去，李昕决定用“激流勇进”作书名。为什么？“这是因为我们深感三联

80年历史，是在时代激流中勇立潮头、探索创新的历史”，李昕在一篇文章中说，它的基本理念，是邹韬奋先生提出的“暗示人生修养，唤起服务精神，力谋社会改造”，它所倡导的是“人文精神，思想智慧”，它所追求的是做知识分子的精神家园。“这些，都是始终如一的三联传统，但是在不同历史时期，三联在坚守文化理想的同时，也在不断调整自己的出版思路，在不变中求‘变’。”

2014年7月，李昕卸任，成为“三联书店原总编辑”。而正如屠岸所言，这个“原”字永不会免去。三联人间的感情，三联人与作者间的感情，正应了韬奋先生所讲的那种“同志爱”，书里书外，李昕依然和朋友们一起守护着一代代人的精神家园。

李昕，北京三联书店原总编辑。1982年毕业于武汉大学中文系，即入人民文学出版社工作。有文学评论、散文、随笔、中短篇小说及报告文学作品散见于各种报刊。1994年被评为“全国首届优秀中青年图书编辑”。1996年12月任三联书店（香港）有限公司副总编辑，后任执行总编辑、总编辑。2005年初奉调回京，任生活·读书·新知三联书店副总经理、副总编辑、编审，2010年12月任总编辑，2013年被“深圳读书月”评为年度“致敬出版人”。2014年7月，卸任总编辑。

自在地冒险

即使是市场的宠儿，他们并非是市场识趣的配合者。他们看重的是创造的价值，向往的是自由的意志。

这个人人把导演当成剧组“皇帝”而他偏偏不干的男人，用一年时间拍完了十几年来念念不忘的两部电影，驾着车，逆着青藏高原上的朝圣者之路，从横断山区的险峰深谷之间逶迤而过，回到大理洱海之畔的家中。一年藏区的拍片工作，让张杨“想清楚自己想要什么”，他不打算在商业片和艺术片之间委屈调和。他只想做自己理想的电影，“否则，我宁愿多晒晒阳光”。

张杨：不再调和

在大理，阳光好时，忙碌的人会觉得自己是有罪的。

2015年4月，洱海边的大理双廊玉几岛村，春光泛滥。导演张杨在他临水的别墅露台上，泡着咖啡，一坐就是一下午。“每天的云彩都不一样。”耳边，鸟鸣不已，汽笛声沉沉划过。从露台可以沿梯下水。兴起，张杨会乘舟漫游。

1996年，张杨第一次来到大理，捣鼓自己首部电影的剧本《爱情麻辣烫》。后来张杨凭借该片获得第18届中国电影金鸡奖最佳导演处女作奖、第5届北京大学生电影节最佳导演。从此，大理成了他的福地和生活后院。

2013年10月，张杨从大理出发，过雪山，进藏，开始拍摄至今对他最重要的两部影片——《皮绳上的魂》和《冈仁波齐》；2015年2

月，他执导“大理民间春晚”，旅居大理的众多名流，如诗人潘洗尘、艺术家叶永青等热情出演。

一年多藏地拍摄，张杨肤色黝黑、长发披肩，藏式礼帽时刻扣着。樱花热烈的3月，张杨现身第九届天问诗歌艺术节开幕式，有人打探，那真的是导演张杨吗?

进入旅游季，双廊玉几岛村路上车马纷乱，透明的阳光下，尘埃嚣张。张杨娴熟地将车停在路边的一处空地。张杨安家双廊多年，埋头走路，冷不丁，路边闲聊的村妇、擦身而过的开拖拉机的小伙，会冲他打声招呼。张杨早已习惯这里的味道。洱海边一年四季温柔的阳光，并没有晒软他的锋芒。“电影是卖导演的，一个演员是否能演好戏，其实在于导演对这部电影的认识是什么。”他不再愿被商业片绑架，“从西藏回来这两个月，我其实已经推掉六部电影的邀约，就是因为它们和我今天追求的东西背道而驰了，我宁愿就这么闲着待上一年，慢慢去想自己下一步真正想拍的东西。”

“通过他们的信仰看自己的生活”

“唵嘛呢叭咪吽……”零星的喇嘛和香客，一边念动六字真言，一边磕着五体投地的长头，从尘世的四面八方，一路虔诚地跪拜而来，从一个寂寥的清晨到另一个寂寥的清晨，从一个金色的黄昏到另一个金色的黄昏。手掌上桐木板的清脆，回荡在雪山和荒漠之上。这是张杨2014年在藏区拍摄《冈仁波齐》常看到的情景。在拍摄《冈仁波齐》的间隙，张杨的另一部藏区题材的影片《皮绳上的魂》也开始“套种”。

1990年张杨第一次去西藏，那时西藏几近是文艺工作者的圣地。张杨对此可谓一见倾心。后来张杨拍电影《洗澡》时在纳木错拍了一小段镜头。1998年再次赴藏游历。那时他就萌生拍摄一部反映藏地文化的电影。一次，在香格里拉游玩时，一位朋友向张杨推荐：“看看扎西达娃的小说吧。”张杨就真的遍观他的作品，从此爱不释手。经朋友引见，张杨和扎西达娃终于坐到一起。电影剧本《皮绳上的魂》改编自扎西达娃的小说《西藏，系在皮绳结上的魂》和《去拉萨的路上》。

为了改编剧本，更深地体验藏地文化，2007年，张杨自己开车去西藏，看遍了西藏大部分地方。在拉萨，他住了下来，和扎西达娃讨论藏地文化。剧本反反复复修改了七八遍。

“扎西达娃的小说极具魅力，他自己也是一个极有魅力的人，一起做剧本的时候非常愉快。不过，作为作者，离自己的作品太近，对于剧本改编不一定是件好事，所以我们在一起经常沟通。”扎西达娃以前也帮别人写过剧本，但他自己的小说被拍成电影还是第一次。张杨提出结构框架，扎西达娃自己操刀，大刀阔斧地砍削、勾连、糅合，让一些故事和细节更电影化、视觉化。2007年，剧本成形。张杨如豹潜伏，开始等待开机的那一刻。

机会终于来了。2014年是藏历马年，也是释迦牟尼佛和神山冈仁波齐的本命年，据说在马年转山一周相当于平常年份的十三周，所以每到这个年份的夏秋之际，转山的藏族信徒络绎不绝。而想拍转山的片子，是张杨十几年来的梦想。获得了投资人的支持，张杨决定将《皮绳上的魂》和《冈仁波齐》的拍摄锁定于2014年。

《冈仁波齐》是一部专门讲述赴西藏转山朝圣的片子，剧组跟着一群转山朝圣的信徒，用纪录片的手法，一路拍过去，“一路上充满着未知，把可能发生的不断变成我们的故事”。回忆起这两部片子，张杨津津乐道。

在拍摄《冈仁波齐》时，张杨没有一个成形的剧本，只是一个想法，甚至没有一个职业演员，选用的全都是真正的转山的藏民。这对张杨来说是一次完全崭新的创作。“这次探索给了我一个新的视角和方法，克服了传统的拍摄习惯，我对电影也有了新的认识。花一年的时间去潜心做一部电影，和平平常常拍一部电影差别很大。”

“这不是演员，这是真正的藏族村民，十九岁，但有三兄弟三个老公，十五岁出嫁，和我们一起在路上。”2014年3月30日，张杨在朋友圈里发出一张飞雪中的笑脸，这时，他正在拍《冈仁波齐》。路上，他碰到了转山的藏民。

张杨回忆，整个《冈仁波齐》的拍摄先后碰到十五六支规模不一的朝圣队伍，他们要么单枪匹马，唐古（一种口袋）装满糌粑，把车先拉到前面，再返回出发点开始磕头，直到停车的地方；再拉车，走回来，继续磕头。要么夫妻做伴，丈夫磕头，妻子拉车。人多的朝圣队伍，还会有专门的后勤人员，负责在队伍前面搭帐篷，生火做饭，等后面的人跟上来。

张杨的剧组每在路上碰到一组磕头的人，都会和他们聊一聊，跟着他们两天，了解他们的生活细节，“然后才开始在路上的创作拍摄”。

“多年前我就想拍一个关于信仰的电影，那时候我开车走在西藏的公路上，碰到很多这样磕着长头的人，偶尔也会钻到藏民的帐篷里跟他们聊天。”张杨说，“做这样一部电影，可以让我们反观自己，通过他们的信仰看自己的生活，这也是我做这部电影的缘起。”

在拉萨待了一年，一起出入的很多是藏族的演员，张杨得以近距离地观察他们的生活，体验他们的文化，“这和作为旅行者的感受有着天壤之别”。

真实，让电影更有力量

2014年10月22日，一则著名导演张杨为拍《皮绳上的魂》杀“怀孕母鹿”的消息不胫而走，网上掀起了一场不大不小的非议。张杨回忆起那场风波，至今依然觉得杀鹿是必要的。在他的看来，杀鹿在这部电影里是非常重要的一个环节。“这部电影叙述一个人从杀生无数到最后的不再杀生，最终的概念就是化解仇恨，所以杀鹿对一个人物形象的塑造，非常直观而重要。他首先是一个猎人，所以我们觉得一开始得直观地表现出他恶的一面，然后整个电影就可以写出他的变化，到最后他面对他的仇人，在有机会杀了仇人的时候，他觉悟了，选择不杀生。”

“鹿是杀了，但绝不是子虚乌有的怀孕母鹿，也不是野生鹿，它是我们剧组从养殖场买来的食用鹿，也向有关部门报批了。”张杨也承认，“当时的气氛确实挺伤感的，因为大家知道毕竟是杀生了，所以有的藏族演员也写了经文，在安葬鹿的时候在旁边念经。”

从《爱情麻辣烫》对现代都市人的白描开始，到《太阳花》里纪录式的镜头，再到《冈仁波齐》直接采用真人记录的方式，鲜明的写实主义色彩在张杨的电影里是一以贯之的。“当然我比较喜欢这种写实的风格。一般的电影，故事都是编造出来的，永远不及真实的东西更有力量。《冈仁波齐》里面都是真实的人、真实的事件、真实的行程，所有东西都是真实地呈现，这样的电影拍摄方式之前根本想不到。同时因为真实，它传达出了一种更强大的力量。”

为了拍摄《皮绳上的魂》和《冈仁波齐》，张杨带着剧组在高原上生活了整整一年，平均的拍摄海拔在4500米左右，中间病倒了三个工作人员。“很正常，这是在高原拍摄必须付出的代价。”张杨说。

帐篷里，酥油灯下，张杨细致地推敲着每一个镜头，而帐篷外，神出鬼没的高原狼很可能正在虎视眈眈。“这个过程看似很艰苦，但实际上大家都很享受，很多人都是第一次参与这样的拍摄，这样的经历，也许以后一辈子再也不会碰到。”他形容那时他们的工作“每天都是极限时刻”“缺氧不缺精神”。

张杨喜欢旅行，对公路片他有着天然的偏爱，他的不少作品都展现了一种“在路上”的状态，这成为写实色彩之外，很“张杨”的特点。

从取材自新闻报道的《落叶归根》，到《皮绳上的魂》和《冈仁波齐》，张杨数部电影都和路有无尽的关系。路伸向远方，方向明确，但路上会发生什么，谁也无法预知。在喜欢公路片的张杨看来，美国的公路片已经形成一套相对固定的模式。中国汽车文化尚处于成长期，没有那么酷的故事，没有那么概念化形而上的东西。《落叶归根》更多地是以更接近中国现实的一种方式来表现“在路上”的状态，然后用黑色幽默去解构，让它不那么苦。

“《冈仁波齐》这部片子，它从头至尾就是一条路，从西藏的东边到西藏的西边，两千多公里，没有分岔。这条路确实在电影里承载了非常多，你从大从小都可去理解这条路代表了什么东西。”张杨说。

“他们的时代已经过去了”

“从电影的角度来说，他们的时代已经过去了。”张杨的父亲张华勋也是电影导演，作为著名导演崔嵬的助手，参加了《小兵张嘎》《风雨里程》等影片的拍摄，独立执导《神秘的大佛》《武林志》等，产生了广泛的影响。第一次随父亲进剧组的时候，张杨13岁，当时父亲在执导电影《神秘的大佛》，后来张杨也见证了大名鼎鼎的《武林志》的诞生。那时张杨只是觉得拍电影好玩，“顺便还能游山玩水，自由极了”。

大学毕业之后，张杨跟着父亲的副导演，领略了不少老导演的一些工作方法，“比如做分镜头，在剧本阶段就把分镜头做得非常详细，等到拍摄的时候就很容易掌握周期，条理非常清楚”。

张华勋曾在《鲁豫有约》中当着张杨的面说：“我很自我，个性很强，很认为自己是一个了不起的人。” 张华勋能写小说和诗歌，又会木匠活儿，他说：“当年家里的桌子、沙发、柜子，全都是我自己做的。”

父亲七十多岁了，“还老想拍戏，还老想当导演，但是人家不找他了，要么就是每次找他，人家都会说：‘能不能把你儿子叫上？’”张杨几乎不会让父亲到自己的片场，他喜欢独立地做自己喜欢的作品。他认为父辈那代电影导演，是比较痛苦的一群人，因为他们正好经历了“文化大革命”，他们的创作观念甚至整个青春都在运动过程中被磨掉了。“所以我觉得这些导演很难像以后的那些导演能做出自己的风格，很多东西可能他们自己都没想明白。”

在父亲张华勋看来，少年时的张杨并不是人们现在所看到的样子，性格温和内敛，反而是叛逆乖张。多年间,父子两人的关系也一度崩溃到剑拔弩张之态。高中时，父母希望张杨能学理科，但他坚持选了文科。为了远离父母，他高考时选择了南方的中山大学。

凡事喜欢逆着父母的性格在他当了导演后，有了一些改变。父亲也体会到儿子的贴心，张杨给他买的一双皮鞋、一台取暖电风扇，都能让他记挂多年。

为了向一段岁月告别，2005年，张杨执导了带有自传色彩的电影《向日葵》。在片头，张杨写下：“给我的父亲。”张杨说，他很用心地去做这个电影，融入了自己的很多情感。他曾说：“这个电影的好多细节，都是那种跟我生活有关系的，比如地震，真实的生活里，是我不知道怎么回事的情况下，我父亲在床上把我一夹，跑出去，我们家房子一面墙就倒了，所以很自然把它写到电影里边去。”

为了让父亲对生活的态度有点改变，让父亲放下，张杨在执导老年人的“青春励志片”《飞越老人院》时，特意约上父亲做演员，希望他体验另外一种放松而快乐的人生。“他没把自己当成导演，演戏就是演戏。”张杨没有被强势的父亲“欺负”，片场导戏时就直接喊“张华勋同志”，“吴天明（饰演《飞越老人院》中一个角色）也是导演，像他们越是当导演的人，越是明白在拍摄过程中最重要的是尊重导演的想法”。

想清楚自己想要的东西

“一棵黄葛树上，有五六种鸟，几十只，飞来飞去，叫个不停。每天被这些鸟儿叫醒的日子要结束了。”2015年4月20日，张杨在微信朋友圈里感叹。自2015年2月到大理过年后，他一直就待在大理。那里有朋友戏称的“大理国艺术团”，张杨被推举为艺术团总导演。这个“艺术团”，排了2015年大理“春晚”，尤其是大理版《茶馆》第一幕，引起一时轰动。

2002年，张杨在大理古城租了一个院子，于是发呆、写剧本就有了固定的地方。2009年时，张杨和朋友闲逛，距离大理古城一个半小时车程的双廊玉几岛村，被他看上了。耗资一千多万元，用近三年时间，张杨盖起了面朝洱海的别墅。所有房屋都是落地玻璃，鲜少遮掩，几乎每个角落都能直面阳光。张杨有很多朋友来大理游玩，再加上自己也不是一年所有时间都住在这儿，房子需要有人打理，“那就当做客栈”。双廊的景色非常独特，仿佛另外一个世界，张杨希望把这种感觉分享给更多来这个地方的朋友。

张杨爱上大理，大理也给他一个意外的惊喜，那就是在大理聚集了非常多的艺术家，他们成了张杨“特别好的邻居”。张杨的微电影《生活在别处》，就拍摄了大理一群有意思的人。“从前来大理是说‘到大理’，现在都是说‘回大理’。”在大理住得久了，张杨感觉自己慢慢变得不那么急功近利了。

“以前我还觉得商业和艺术是中和的，后来发现不行。”坐在洱海边的自家阳台上，张杨轻抿一口茶，语气淡定地对笔者说，没有委婉，直截了当，“两者之间的冲突是没有办法调和的。如果你想在艺术上有所突破，就要在艺术上做得更极致。当艺术的经营达到极致的时候，它离商业会越来越远。所以你得想清楚你要什么，你就得在哪一个方面做得更充分。”

“朝圣者，对于他们来说，今天和明天无非是重复着的简单而同样的动作，但就是这种简单的重复，他们离心中的目标越来越近了。”在拍摄《冈仁波齐》的日子里，张杨曾经忍不住在微信里感叹。

踏过他人的朝圣之路，张杨也开始了自己的转山之旅。“现在太多电影都是为了市场票房在拍，我现在也想明白了，以后一定不为了市场去拍电影，要拍自己真正想做的东西，至于能有多少票房，有多少观众，这个问题还是交给真正做市场的人去做。”

[对话]喜欢，是因为找到了共鸣

为自己做理想的电影

笔者：为什么要拍摄《冈仁波齐》和《皮绳上的魂》？

张杨：《冈仁波齐》只是一个想法，是没有剧本的，就是讲述一群人去转山朝圣的故事。这是我很多年前就有的一个想法。以前去西藏路上的时候我会经常碰到这样磕长头的人，对我来说有很强的吸引力，对他们的这种信仰和生活我很有兴趣，所以，在很多年前就想拍一个关于信仰的东西，尤其是在今天这个缺乏信仰的时代。现在去做这样一个电影，可以让我们每个人反观自己，通过他们的信仰看自己的生活，这也是我最开始想做这部电影的一个动机。

笔者：拍完《冈仁波齐》，你有什么触动?

张杨：没有剧本，很多东西都是未知的，把可能发生的不断变成我们的故事，编进电影里去。对我而言，这是一次完全崭新的创作，和以前不一样，很有意思，是关于艺术的一次实践，一种对电影的重新认识。以前我们觉得电影这样拍就可以了，基本成为一种习惯，这次拍摄重新给了我一个可能性，让我尝试新的视角、方法。所以，第一，从艺术创作而言，这是一个全新的崭新的尝试。第二，花一年的时间去做一部电影，就和平平常常地拍一部电影有非常大的差别。在西藏最重要的是你生活的一面，生活对我们已经是非常重要的一部分了。换句话说，我们自身也在寻找，不光是拍电影的寻找，也在探索一些人生的看法和观点。我们是没有信仰的人，但在这样一年的慢慢的旅程中，虽然不一定就能找到信仰，但也许更接近于自我了，自己想要什么，真正的愿望是什么，在这条路上看得更清楚了。

笔者：你看重这两部电影的票房吗?

张杨：我不大想这事，首先我是在为自己拍的电影，而这是自己一直以来的一个梦想。这两部电影本身也是比较偏艺术性、实验性的电影，所以我也不怎么会去考虑市场。反过来说，现在太多电影都是为了市场票房在拍，我也想明白了，以后一定不为了市场去拍电影，要拍自己真正想做的东西，至于能有多少票房，有多少观众，交给真正做市场的人去做。为自己做一个理想的电影，而在当今中国真正缺乏的是有内容有世界观的电影。这才是创作者应该去做的一种东西。

中国汽车文化中没有那么酷的故事

笔者：在你看来，小说要改编成电影应当具备什么因素？

张杨：我觉得最重要的是这部小说的观念，它在传达一个什么东西，选中一部小说是因为它的主题吸引了你。另一个很重要的就是它有很大的余地让你在影像上去创造，因为我觉得有时候那种写得太满了的小说，换句话说长篇小说，就很难去改编。我现在改编的都是一些中短篇小说，它们留下的空间比较大，甚至可以在原来小说的基础上去创作一个不一样的东西。像扎西达娃的小说就比较魔幻现实主义，和拉美的那种比较接近，这和藏族人民的宗教信仰又特别贴近。他不像我们汉族小说一直在刻画人物，从几个人物出发，而这些人物角度有时候改编起来是比较难的，因为你必须围绕这几个人物的命运去做。而他的小说就比较飘逸，从电影的角度来说特别好改编。

笔者：所以你对小说本身的故事性不是很看重？

张杨：对，我们用了两个小说——《西藏，系在皮绳结上的魂》和《去拉萨的路上》改编成一部电影《皮绳上的魂》，其中

《西藏，系在皮绳结上的魂》是一个概念，这个概念吸引了我，但是本身这个故事还不够，所以我们又找了《去拉萨的路上》，用它的故事来填充另一部小说的不足。这两部作品在一起，产生了一种全新的东西，与之前两部小说都不一样。所以我倒是觉得小说改编成电影不能简单地照搬小说，得有重新的创作。

笔者：你心目中的公路片是什么样的？

张杨：从美国公路片的类型来说，它有自己一套相对模式化的东西，比如说肯定有点离奇、凶杀之类，更重要是探讨存在的意义。而中国的公路片，我觉得它一定还是得落在中国人很实在的生活里，不能简单地照搬美国公路片的概念，因为首先中国的汽车文化的历史就很短，没有那么酷的故事，没有那么概念的东西。所以就像《落叶归根》里，更多的是以更接近中国现实的一种方式来表现“在路上”的状态。我自己觉得公路片就是这一条路，你到底要表达的是什么非常重要，所以像现在拍的《冈仁波齐》这部片子，它就是一条路，从头至尾都是一条路，但这条路确实在电影里承载了非常多，你从大从小都可去理解这条路代表了什么东西。

自己做到最好，再去寻找观众

笔者：你在票房上也有自己的成绩，你觉得以前走过的路，成功在什么地方？

张杨：还是片子本身吧，最重要的是能够和观众有共鸣。比如说《洗澡》这部电影，确实有很多人觉得写出了新旧的关系、两代人的关系，包括老北京的味道，很多人喜欢这样的片子就是因为找到了共鸣。像《昨天》那个电影很多年轻人都非常喜欢，因为他们确实看到了很多成长当中的迷茫、挣扎。《爱情麻辣烫》呢，和当时年轻人的文化、他们所思所想的东西很贴近，所以就有了所谓的基础。当你不是做纯商业片的时候，肯定还是得靠电影本身的主题、内容、想传达的世界观，用这种方法去和观众沟通，至于这个观众有多少，你也没法判断。所以我觉得不用去迎合观众，而是得先自己做到最好，然后再去寻找观众。

笔者：对于电影的商业性与艺术性，你现在能调和吗?

张杨：这是没有办法调和的，以前我还觉得商业和艺术可以中和，后来发现不行。如果你想在艺术上有突破，就要在艺术上做得更极致，当艺术的概念达到极致的时候，它离商业会越来越远。所以你得想清楚你要什么，你就得在哪一个方面做得更充分。至于投资人的要求这方面，我的投资人就对我比较信任，像我一部电影连剧本都没有、拍摄结果也未知，在今天的中国是很难想象的。这就完全体现了他对一个导演的信任。我觉得也不是所有的投资人都是从单纯的市场角度出发考虑投资，还是有很多人希望能做出不一样的、好的电影。我也相信在很多领域都需要这样的投资人。国外也不是所有的电影都按照纯商业的模式来运作，尽管会有大公司关注回报，但是确实有很多基金、机构的主要目的是资助那些在艺术上有不同想法的人，而不太考虑利益的回收。在中国，在这样一个时代，电影本身就是多元化的，除了商业电影以外，我们真的需要这样有魄力有远见的投资人。

笔者：如果一个有钱的投资人就是要求你拍一部有票房的商业片，你会拒绝吗?

张杨：我基本上都会拒绝，我的好几个投资人都在找我拍这种票房回报很高的商业片，但是这背离了我自己的内心，不是我想做的东西。我虽然知道这些投资人都是站在朋友角度，抱着帮助我的想法，但我还是挺坚持的。

商业化在考验每个人的定力

笔者：你觉得第六代导演在创作过程中遇到的最大阻力是什么？

张杨：以前就是电影审查这方面，尤其是对第六代导演，当你真正想去做艺术片，不管是想探讨社会话题还是做一个艺术实践，都希望走得更极致，但审查就很难让你往极致走，一旦极致了就很容易触动禁忌的话题。所以电影还没开始拍，一些故步自封的东西就已经在你脑子里了。从创作角度来说，这是根本上的障碍。在今天的时代，就是商业化这个概念在考验每个人的定力，现在大家都将票房作为评判一个导演成功与否的标准，很少人会真正去尊重一个好电影，这时候就看导演能不能坚持自己的想法。对有的导演就比较难，他们走着走着就将自己改变了。

笔者：对于一些新进入这个行业的导演，你有什么建议？

张杨：要么在商业道路上追求成功，只要能拍出好的商业片，市场马上就能接受你，成绩也立竿见影；要么就是看你能不能在艺术上有一些独特的见解，自己坚持。电影无非就这两条路，没有什么更中和的东西了。

信仰本身决定了很多东西

笔者：什么人适合做演员？

张杨：我认为其实什么人都可以当演员，关键在于你挑的这个人是不是适合你的角色。我现在的这两部电影，有一部里面全是非职业演员，我也觉得他们演得非常好；另一部片子里也只有两三个专业演员，所以我从来没有一定要找职业演员的概念。当然有一些戏职业演员可能更容易达到你的要求，毕竟非职业演员还是有很多放不开的地方。实际上到最后，一个演员是否能演好戏，在于导演对这部电影的认识是什么。即使是一个好演员，他的表演也都在导演的掌控之下，一个好演员如果在一个烂导演手里，你会发现他演得也会很烂，因为这个分寸的把握实际上是由导演来判断的。

笔者：现在你认为一部经典的电影应该是什么样的？

张杨：像有部意大利人拍的电影叫《木屐树》，我就特别喜欢，非常朴实地描写生活，事无巨细地从一个村庄的生活开始展现一个完整的风貌。还有像黑泽明的《七武士》，从叙事到刻画人物，包括整个节奏、情绪，确实都是经典的电影。为什么很多导演都喜欢黑泽明的电影，就是因为很多方面他都做到了一种极致。

笔者：有人喜欢用伊朗比照当下中国的电影现实，他们优秀的电影作品似乎不少。

张杨：对伊朗社会，我太不了解，不过我觉得伊朗的大环境就没有中国这么商业，可能在那样的社会人们对艺术更尊重，所以这些导演也都将艺术作为自己追求的东西。他们的审查也许比中国还严，可能出于宗教原因，那么反过来也可以说他们是有信仰的社会，这个信仰本身就决定了很多东西，是有底线和分寸的。而我们今天的社会就缺少了点底线和分寸。

生活在大理，找到另外一个自己

笔者：大理最吸引你的是空气、阳光？

张杨：对，我认为这是基本的，还有就是特别好的气候，一年四季都比较舒服。大理这个地方给人感觉非常开阔，每天的云都不一样，这种感觉是其他地方很难找到的。自然的东西还是能给你很大的震撼；第二，我觉得最重要的还是人，在大理聚集了非常多的艺术家，给了我们特别好的邻居。有朋友说，大理的文化就是串门的文化，住在这里不单单有景色和空气，还有不断的和人接触的过程，十分舒服。

笔者：这么多年你在大理，距离所谓的市场信息都比较远，大理的生活对你的创作、心态有什么影响？

张杨：我觉得还是有点影响的。住在大理，对自己来说，也许就是想远离主流的文化，想寻找到另外一个自己。这都需要自己想明白，甚至需要些勇气，才能做出这样的选择。因为对于一般人来说，虽然大理风花雪月，是个美好的地方，但完全住在这儿，那就得和过去的生活切割开来。我在这里找到了另一种生活方式，就像在西藏的一年一样，我喜欢这种漫无目的的、自由的感觉，没有条条框框的拘束。因为越是远离政治经济中心，文化越是多元的，所以这里聚集了很多艺术家、有意思的人，这些人之间互相探讨的东西又是另外一个天地，非常能开阔眼界。

笔者：对自己的电影创作有什么计划？

张杨：目前没什么计划，因为我已经拍了两个对我来说十分重要的电影，跟我之前的电影都不太一样，对我而言我是已经迈了一个台阶了，所以对后面的电影会更慎重，得想得足够清楚了，再去拍下一部电影。

张杨，著名电影导演、编剧。毕业于中央戏剧学院导演系，第六代导演之一。擅长运用现实主义手法执导影片，作品兼顾艺术家勇气和商业卖点。1997 年执导电影处女作《爱情麻辣烫》大获成功。之后多部作品屡获国内国际电影大奖。代表作品有《洗澡》《飞越老人院》等。2014 年，完成两部反映藏区生活和信仰的电影《皮绳上的魂》《冈仁波齐》。

至今逾70岁的尚扬仍在艺术这条路上探索不已，他不想躺在别人的肯定与赞美上。他用自己的顿悟和智慧给人们带来一次又一次的精神洗礼。对名利始终警惕，尽管备受市场追捧，但他深知其刃之双面："我不奢望成为最好，只希望比过去的我好。"

尚扬：从容冒险

2015年5月17日下午，在北京一个阔大而寂静的旧厂房里，73岁的艺术家尚扬一如既往地忙着自己的画作。而此刻的北京国际饭店会议中心，一片喧嚣，尚扬的早期作品《诊断-3》被藏家频频举牌，最终以805万元落槌，位居嘉德2015春拍"当代艺术"专场成交价第一名。

这个被誉为中国画坛"常青树"的艺术家，早已是拍卖市场追捧的艺术家。2011年北京保利春拍，尚扬作于1981年的作品《黄河船夫》，最终以3162.5万元成交，这不仅是当季拍卖的艺术家最高价作品，也刷新了艺术家个人作品拍卖历史的最高价。

"很多人都企望当那个最好的艺术家，这并不是明智的想法。"尚扬说，没有过多的奢望，才能更好地投入创作。"但是，有一条我要坚持：一定要比昨天好、比过去好，这很重要，也是我可以做到的。”

就创作的绝对数量而言，尚扬不是一位高产的艺术家。他的《董其昌计划》创作十多年，成型作品仅有二十多件。有时，这个系列一两年才出一件。他不希望自己的“创作沦为一种生产方式”。这个曾梵志、马六明等当红艺术家的老师，在艺术创作上始终寻求突破，无论是20世纪80年代的“黄土系列”，90年代的“大风景系列”，还是2002年后的《董其昌计划》，尚扬作品的实验性、前卫性都令艺术界瞩目。

名师宽容“冒险”

尚扬的工作室位于北京酒厂艺术区。一进门，映入眼帘的便是那一大片空旷而充满秩序感的创作区，整整一面墙都被横竖立着的几幅3米多高的大画遮挡着，每一组画面都是由2~3幅连接而成的长卷风景。一组壁柜上有一组音箱，周围摆满了各种CD光盘。

“进画室前整个人的状态是杂乱的，创作之前首要的是先让自己沉静下来。”尚扬安神的习惯是，放一些巴赫或拉赫玛尼诺夫的曲子。在空白的画布面前，他坐下来，在音乐中面对着画布展开自己的各种想象。有时有了感觉，他会在画布前来回走动，但也会在准备过程中将其推翻，坐下来接着想象，在空白的画布上重新寻找感觉。如此反复，直到在各种方案中找到一个比较合适的为止。不过，有些作品会搁置很长一段时间后，再拿出来继续创作。

这个艺术上严苛要求自己的创作者，自大学时代，就开始各种创新与冒险。1957年，15岁的尚扬考入武汉艺术师范学院（尚扬上二年级时改名湖北艺术学院），在这所创办于1920年的美术学校里学习油画。那时武汉的夏天室外是40℃左右，而天光画室室内则如同一个火炉。“那个年代根本没有空调和电扇，一整个暑假一个人关在画室里画素描。我拎了一桶水放在边上，拿个毛巾。右手画素描，左手不停地用毛巾把水往自己身上浇，水都是烫的。晚上回到宿舍，蚊子嗡嗡地叫，知了也在叫。”尚扬说，那时他就开始习惯一个人很孤独地画画。

“到冬天，即使天非常寒冷，从不间断去户外写生。没有材料都是自己炮制一些土材料，现在叫综合材料，而当时因为没有钱，都是自己想办法创造的代用品。”尚扬说，“我在生活中是个温顺的人，而在艺术上则是个叛逆的学生，不按规矩行事。在苏联式艺术教育方式在中国美术院校一统天下之时，我时有越轨行为，比如把建筑用的沙子，掺到颜料里去画画，画面上满是沙子的颗粒，这在1962年的中国是不可想象的；在1963年，我把稻草和颜料掺在一起贴到油画上去，这在60年代的中国属于极端的行为，也是不被容许的。”尚扬感叹道，在湖北艺术学院，杨立光和刘依闻两位先生治学严谨，但为人宽厚，在他们的影响下，老师们都很爱护学生。尚扬基础好，为人老实，因此得到宽容和爱护，从没因为越轨行为不及格，这些行为也从没被追究。

刘依闻1938年考入国立艺专西画系，师从关良、常书鸿等名家，与朱德群、赵无极、吴冠中并称为当时国立艺专最杰出的学生。徐悲鸿对杨立光的绘画艺术给予很高的评价。1944年，杨立光的作品《穿皮大衣的人》在重庆“全国美展”上展出，徐悲鸿拉着几个大画家站在杨立光的油画前，朗声说：“你们要找英雄吗？就要在这里找！”“那时杨先生才二十多岁，用一个半小时画的《穿皮大衣的人》，完全是靠自己的艺术天分悟出来的。后来，为了学校的发展，他把全部精力都投入到行政工作上。”尚扬提及师恩，满怀敬佩。

尚扬发表的第一张作品是1963年大学三年级时创作的《当年长工》。“当年随学校下乡搞‘社教’运动，回来后画了这幅画，画到后期时，杨先生来了，他觉得其中一个人的手画得不够好，就动笔给我修改了一下。”这幅作品，经过评选参加了当时的全国美展，这是尚扬首次参加全国美展。

1979年，尚扬在出版社工作了14年以后，考回母校，成了两位先生的研究生。在课堂上，尚扬严格按照老师的方式绘画，但在课外，他完全按照自己的方式作画。

1981年，尚扬本想使用一种大胆的方式创作毕业作品，但最后放弃了这个想法。“我要用我的创作回报老师的教育，所以就按照他们平时指导的方法画了那幅《黄河船夫》，是用古典写实的方法画的。而在《黄河船夫》之后我就完全按照自己的方法来创作了。”

如果没有两位老师的鼓励，《黄河船夫》也许就胎死腹中。尚扬在陕北画了《黄河船夫》的草图，寄回学校。杨立光回信说：看到你寄的草图，我和刘先生都觉得很好，但是导师组里有老师非常反对，说是既然有列宾的《伏尔加河上的纤夫》，你的画就不必要画了。但我和刘先生认为一个题材，不可以只画一次的。西方的中世纪和文艺复兴，有那么多人去画圣母，张张都成为杰作，证明不是一个题材只能画一次的。更何况你的画和《伏尔加河上的纤夫》并没有什么相较之处，我和刘先生是鼓励你画出来的。“那个时候像这么开明开放的老师是不多的。正是因为他们这样的肯定和鼓励，我很快就按我自己的想法，用了18天画出来了，这张作品将近4米长。”尚扬感慨，这种师生之间的情谊一直在感动和鞭策着自己。“在我留校任教之后，我仍然会把我各个时期的作品拿给他们看，求教于他们。他们常常会让电教室的人赶紧拍照存档。这种鼓励使我在前行的路上得到了更大的自由，而假若我在其他学校，则不一定能得到。”

难忘武汉“朋友圈”

尚扬的工作室里，案桌和书柜上面摆放了不少木雕、陶器等古朴的物件。其中一块砖头，引起笔者的注意。据尚扬回忆：1983年暑假，他去山西河曲县进行创作写生，在赵家沟的黄土高原大山顶部的路上，脚踢了一块烧废的砖头，“觉得它浑如大师的杰作，当时便将它收藏了起来”。三十多年来，它很少离开尚扬的左右，尚扬甚至不忍把当年留在它上面的黄土拂去……

从凡俗之物中看出大美，是艺术家尚扬的眼力。尚扬告诉笔者，他小时一度收藏古玩，读中学的诨名便叫“古董”，后来担心玩物丧志，就立意戒掉。“如果碰到脚边的，我就要收下了。”尚扬笑着说，这样的机会还真被他碰到了。20世纪80年代中期，尚扬被邀去湖北荆州工人文化宫给一个创作班授课。两周的课讲完了，主办方要付报酬，尚扬执意不要。僵持不下之后，尚扬说，如实在要给报酬，就将那个扔在文化宫院墙一堆烂草里的一个小石狮给他。大家去到院墙边就笑了，这分明是个垃圾。尚扬就将这个巴掌大小的破狮子带了回来。多年来，尚扬一直把小狮子带在身边。现在就摆在他工作室的案头。尚扬说："这是南朝梁代的东西，有1500多岁了，当年是匠人雕刻大石狮子时用来放大样作参考的。那年我走进文化宫老远就发现了它，不好意思直接要。你看它的神情和线条，太棒了。"尚扬边说边爱抚着小石狮。

尚扬乐意享受这种不带目的的收藏，它们不但给他的生活带来不少的情趣，而且能直接启发他的艺术灵感。尚扬艺术创作的高度自觉性，与生存的环境脱不开关系。20世纪80年代中国思想界风云激荡，陈丹青称为"沙龙的黄金年代"。从"文化大革命"中走出的一批人纷纷考取研究生，成为改革开放的受益者。他们志趣相投，常常聚在一起谈论国事、学术和未来。1979年始，尚扬结识了一批志同道合的朋友，他们来自不同学科，有学哲学的邓晓芒、陈家琪、黄克剑、朱正琳；有学文学的易中天、余虹等；有在湖北省社科院哲学所学习，后来成为哲学大家的张志扬；有华中师范大学中文系研究生萌萌，萌萌是七月派诗人曾卓的女儿，也是一位著名的诗人和文学家，是武汉这个学术沙龙的组织者。"萌萌的丈夫肖帆（肖帆后来考取博士，他是中国第一个在大学自己开设公司的学者）是学经济的，亦是沙龙里的活跃分子。"

小圈子有说不完的话，告别不了的聚会。1979年农历除夕，尚扬和张志扬、邓晓芒、易中天等先在肖帆家聚会，饭后，邓晓芒拿出他妹妹的一大沓手稿让大家传阅。张志扬看完以后转手尚扬。"我当时就对邓晓芒说《黄泥街》写得好，虽然其中某些文字显得有些粗糙，但是极有光华，以后你的妹妹将会很了不起。后来残雪果然成为中国文学的一个骄傲。”兴之未尽，一行人去汉口江汉公园电影院看除夕晚上的通宵电影。“前两场还有其他人，由于气温太冷后两场只剩下我们七八个人坐成横排看了。看完电影，身子冷得发抖。”尚扬记得当时看的四部电影中，一部是名叫《吟公主》的日本电影。“朋友在一块互相取暖舍不得离开，那种感觉到现在依旧特别留恋。”

在思想启蒙和观念解放的20世纪80年代，中国艺术家为使艺术跟上时代，与世界同步，“总是以群体面貌出现，因为只有依靠群体的力量，才能冲决思想的禁锢，因而导致很少出现有强烈个人风格的艺术家”。尚扬对此事后有深刻认识：“大家抱团在一起的，很多事情要一块做，搞画会，搞群体展览，大家觉得很来劲，比如说1985年我们开黄山会议，热气腾腾都很激动，会上抢着发言，会下互相串门，手都握得生疼。记得开会时，吴冠中高呼这次就是‘黄山起义’！”

继续“冒险”，寻找东方式的创作方式

中央美院易英教授曾说：“'85运动（'85美术运动是中国现代艺术史中第一次出现的全国规模的前卫艺术运动）兴起之前，在中国画界最引起注意的一位具有现代风格的画家是湖北美术学院的尚扬。”

“可是我很快就对这些作品不满意了。”1984年画完《黄河五月》后，尚扬彻底结束了写实风格。1989年在中国美术馆举办的“八人油画展”上，尚扬拿来以纸浆、石膏、乳胶等混合物创作的综合材料作品《状态》。这不过是尚扬艺术偏好的一次公开露面。20世纪80年代末90年代初，中国艺术家进入潜沉期，艺术家开始寻找个人风格。尚扬说，自那以后出现了方力钧的“光头”，王广义的“拳头”，张晓刚的“大家庭”，互相之间有距离了。中国现代艺术自20世纪90年代初向当代艺术转型。

尚扬的“大风景系列”正是诞生于1991年，这件作品和同时期的“大肖像系列”标志着尚扬向当代艺术的转型。对于画中那些抽象的风景，尚扬说：“经济的发展随之带来的问题在于对人心、对生态的巨大而深刻的影响。我画风景，不仅仅是画自然的风景，也是画社会的风景，画心理的风景。”

2003年，《董其昌计划》诞生，成为“大风景”的延伸。尚扬说，这个系列包含他的另一个思考：“中国当代艺术家大多在用西方化的观念和语言进行表达，这是一个需要改变的现象。”

《董其昌计划》画面依旧抽象，画面中并无明显的中国绘画元素，充满大面积留白、如泼墨般的色块起伏，恣意书写的笔触，只是依稀让人感觉出某些中国山水画的气质。

2012年4月，在尚扬个展《日志与手迹》的自述上，他写道：“从90年代以来，我以日志和手迹的方式，记录下我们正在剥蚀和坍塌的风景。”尚扬说，这是这些年来，他作品共有的主题。“当我们感觉身边的风景一如往常时，其实，它正在发生着令人难以察觉的深刻变化。对于这些变化，寻常人可以忽略，艺术家却不能。”

2013年的一天，尚扬在工作室外看到一些干枯的竹子，他把它们捡回去，放在防水油毡上，“二者碰撞在一起，效果好极了，文气而又深沉，中国气息浓郁”。尚扬用喷火枪在二者上面不断炙烧，使其相互融合。一幅很中国化的图像，却被工业化的方式“粗暴”地结合在一起。“它体现的仍是人与自然的关系，仍是东方式的创作方式。”对综合材料的运用，尚扬延续大学时的即兴发挥，而效果经常出人意料地好。

尚扬喜欢用的材料有钢筋、铁丝、工业沥青、树脂胶、石膏、土、竹、丝、麻、纸，等等。他喜欢这些材料的质感、颜色和形状，更喜欢这些属性对立的材料混杂和碰撞时的内在张力。他会巧妙地组合它们以便将这些材料内在的“生命活力”释放出来，让材料自己言说。

七十多岁的尚扬至今笔耕不辍，从不停止艺术上的冒险：无论是20世纪80年代的“黄土系列”，90年代的“大风景系列”，还是2002年后的《董其昌计划》，尚扬作品的实验性、前卫性都令艺术界瞩目。

2011年，尚扬创作于30年前的《黄河船夫》被拍出3162.5万元高价。消息传来，尚扬一如往常，并没有什么特别反应，他已告别古典写实的创作之路久矣，但吊诡的是，他当年认为应该甩掉的学院派技法，在毕业创作答辩上，还是被保守的老师刁难攻击；他的声名还要继续受惠于这幅作品。

这幅作品产生的连锁反应，也直接影响到尚扬艺术道路的选择。当年《黄河船夫》没有参加过任何校外的展览，但是在杂志上发表后引起了很多反响。1982年，美国一所大学的东方艺术系系主任看到刊登这幅画的刊物后，写信邀请尚扬去美国讲学。“当时觉得去美国我压根就没想过，我外语不够好，离不开亲情和友情，并且自感没有画出我想要的画来。”对方连续三年邀请，尚扬都婉言谢绝。

能舍弃当时国人眼中的绝好机会，是需要一定勇气的。尚扬说，对名利的淡泊，除了大学两位师长的人格影响外，一些不求闻达的朋友亦让他获益良多。老同学、挚友查世铭是著名版画家，20世纪90年代初，他的作品《大唐盛世》获得日本国大奖，时任中日友好协会副会长的李平凡将要代表日本到湖北给他颁奖，通知获奖的信函却被查世铭弃之不顾。“后来我在他家里无意间翻到这个信件，我问他为什么不告诉我，他说不想张杨。”后来尚扬告诉了身为湖北省美协主席的杨立光老师，在李平凡来时，给查世铭举行了一个朴素而亲切的颁奖典礼。尚扬兴奋地回忆：“我们比自己获奖都高兴，去参加典礼，我特意穿了平时不穿的西服。如查世铭这样的挚友，完全不看重名利。有时候我考虑事情，一想到他，就会以他为榜样。这样的好朋友是一辈子的，影响是无声的。”

“还可以比之前更好一些”

尚扬的《剩山图2》，画面粘贴着布料、钢铁等废旧之物，在展出现场，经常有普通观众表示不解：画家为什么不画画，而玩粘贴？对此，尚扬说，不理解很正常，这正达到了他的目的——启发思考。

“这就是为什么当代艺术千奇百怪的原因。”尚扬说，虽然有人会说，艺术家们在搞怪，但胡来的只是少数人，殊不知大多数艺术家用心良苦，“他们用自己持续艰苦的探索和创造，形成超越多数人思维习惯的先锋性。艺术品不能吃、不能用，它到底是干什么的?我可以明确地说，艺术品在本质上就是让人产生思索的。”

“我认为我的坚持是有意义的，这是艺术家应有的担当和使命。”尚扬说，他的创作过程一直面临各种失败，“我不怕失败，很多作品是从失败中改造来的”。

首张《剩山图》由《董其昌计划-33》改造而成。《董其昌计划-33》画幅长达11米，创作时间跨度为两年，是尚扬至今倾注心血最多的作品。2012年，在上海美术馆老馆，《董其昌计划-33》被邀展出，引来不小反响。有人要买下这件作品，但尚扬谢绝了。“当时，许多人都说这张作品很好，我却不太满意。我自己都看不过去，怎么能让它被人郑重收藏呢?”画展结束后，《董其昌计划-33》回到工作室，尚扬说，“作为自己当时创作的一张最大的作品，怎么看都不满意，后来明白了，原来这种不满源自这件作品的太合理。”

于是“破坏”开始了。尚扬把《董其昌计划-33》分解、打散、重构，加大幅面，最终完成的作品改名为《剩山图-1》，长达14米，由10张画布拼接而成。

从创作的绝对数量来说，尚扬说自己不是一位高产的艺术家。《董其昌计划》创作十多年，成型作品仅有二十多件。作为中国当代艺术亲历者和见证人，尚扬一直保持着平和的心态。即使现在他的画行情看涨，他也不愿意为市场加快画笔。尚扬认为，艺术是非常个人的事情，“工作的出发点不应该是名和利。在你开始工作时，你心里想到的应该是最初学艺术的想法，真诚地去追求，你的一辈子是要这么去做的”。“我选择了绘画，这可能是我一生中最称得上聪明的一件事。”尚扬说：“我的作品不很多，我的大部分时间是在思考、发呆，有时候就是这样‘折磨’自己。

我不奢望成为最好，只希望比过去的我好。”尚扬说他一刻都不想把时间浪费掉，也不想躺在别人的肯定与赞美上。“我之所以不停地以一种新的方式在工作，是因为我真切地感受到昨天的某些方面我要修正，可以比之前画得更好一些。”尚扬的探索精神，不只停留在画布上，他乐于尝试任何新鲜的东西。采访完，我们正要等车去别处，尚扬说他已喊来出租车，原来他的手机早已下载了打车软件。

“很多人都企望当那个最好的艺术家，这并不是明智的想法。”尚扬强调，没有过多的奢望，才能更好地投入创作，“我仍然还没有认为我应该到了可以停下来的地方。而我想再停下来，我的艺术生涯也就终结了，因为我始终（对现在的创作）还不是太满意”。

[对话]挑战自我的思维和表达能力

画自己最想画的东西

笔者：你在20世纪60年代上大学时就使用综合材料，是源于自己的灵感，还是别人启发你的?

尚扬：那时候没有人使用综合材料，家里条件不好，没有钱买绘画作品，于是就突发奇想找代用品画画。

笔者：使用综合材料在当时是不是一种离经叛道?

尚扬：我是学生，使用综合材料是在学习过程中的自我尝试，好在是那个学校对学生像家庭对自己孩子一样宽厚，年少毕竟不太懂得处理师生关系，只图作画，没想别的，只朝自己认准的目标走过去。

笔者：经历过20世纪80年代的伤痕美术和寻根美术，你怎么评价那段历史?

尚扬：它是非常自然发生的。经历了“文化大革命”以及“文化大革命”之前那么多年的伤痛，中国人走进了一个新的时代，开始发出来自内心的自由的呼唤。这时人们很自然地就会痛彻地反省过去，所以伤痕文学和伤痕美术是自然发生的。而当时艺术家的责任就是揭示生活的本质，要告诉人们我们应该怎样看待过去，面对今天。这是一个重要责任，也是人文关怀的重要表现。伤痕文学和伤痕美术在20世纪70年代末80年代初自然发生，而且是有力推动了改革开放。

笔者：你在黄土高原上画了三年，这三年在你的创作史中处于什么位置?

尚扬：《黄河船夫》创作时我39岁，发表是40岁。我去陕北画了三年，这其实是我在国内艺术圈的亮相。别人知道尚扬是从《黄河船夫》开始的。但我去画黄土高原的时候，并不是要去完成我的文化寻根。我到陕北去，画一种简单的单色的平面的绘画，没有立体没有明暗没有更多的色彩，没有透视没有很好的解剖，我是尝试通过这种方式，把过去在大学里学的熟悉的观念和表现方法甩掉。为什么要去掉苏联和俄罗斯的绘画方式对我的影响？因为我曾一度对其非常热爱和迷恋，但后来在大学时代，我发现了塞尚，我认定了今后我要通过塞尚这条路走下来，我不去改换我以往受到的影响，就走不到后面这个方向来。很幸运，我成功地做到这一点了。

内心走得通，路就走过去了

笔者：你是完整地参与了改革开放以来这段美术史的，你怎么评价？

尚扬：我无法从很高的角度做一个整体方面评价，但是作为一个参与的艺术家，觉得这么多年中国的艺术家非常努力，用30年的时间取得一些成果应该是值得欣慰的事情，但中国的艺术也不是发展得那么尽如人意和完好，仍然面对很多问题。首先是我们的文化开放度还存在一定问题，我们的体制应该更加自信才能做到这一点。面对今天文化探求和发展的需要，没有这个还是不够的，尽管走到今天也已经很不简单。这是两方面的结果，一方面，管理者比过去要宽容一些，但另一方面，现在做得还很不够。艺术家的主体应该是好的。

笔者：在演绎源自西方的当代艺术上，你有什么原则或者是自己的一些心得？

尚扬：第一个体会，追溯和前行始终是所有从事这个工作的人必须要做的两件事情，两个方向其实是一件事。追溯就像你要知道人类曾经的发展史，才知道人类将要走向哪个方向；你要知道美术史，你才知道你要往哪个方向走。今天我们的工作始终在观照美术史行进，就像一个参照系，符合艺术本体。第二个体会就是视觉的探索是无止境的，今天的视觉表达和手段已经如此丰富，它的进展已经如此不可思议，未来会出现许多我们现在想都想不到的表达方式。你得有心理准备，任何新的视觉方式的出现你都不应感到特别惊讶，因为可能性太多了。人类追求无限的方式永远不会停止，视觉的追求方式也永远没有止境。有的人在疑惑以后的路往哪里走，其实这个路很宽阔，走不走得通，全在自己内心。内心走得通，路就走过去了。很多人觉得方式都被用尽了，没有办法再实践新的东西，而从我自己体会，这个求新方式，是在自己工作中逻辑的、必须会发生的，不是为了标新立异，或者吓别人一跳，而是你脚踏实地地让你的工作在你想要的方向上向前发展。

回到最初学艺术时的想法

笔者：《董其昌计划》里你未来还要做哪些工作呢?

尚扬：《董其昌计划》已经做了好多年，到今天我也还在做。它不是在一个系列里用一种工作方式去重复它，而是希望这种工作方式自身还能向前演化，也能挑战我的能力——思维的能力和表达的能力，还有没有可能做得比过去更好。另外我从这里还能派生出新的东西来，从去年开始我从《董其昌计划》进展衍化开去，用《剩山图》的新的方式继续探索，我觉得它在某些方面比过去更有张力，好像把我的叛逆显得更多一些。

笔者：你如何看待市场对于艺术的影响?

尚扬：市场对艺术是必不可少的。20世纪90年代初期中国艺术市场刚刚兴起的时候，我并没有热心地投入，后来也不特别热心，但我认为市场对艺术是必要的，我自己的态度和事物本身是两回事，我始终对此保持相对游离的态度。当它找到我的时候，我首先考虑它对我的艺术是否会有损害，如果有损害，我一定退却；如果有推动的话，我一定和它交流、结合。在交流过程中，一旦其中发生这样的问题——我觉得我的艺术会受到妨害，我就后退，我经常后退。但我并不是一个洁身自好的人，因为艺术家从来离不开名利二字，但我反对从名利出发。比如采访，艺术家也希望名能够传播，被更多人认识。而艺术家也需要利，艺术家是人，也得生存，得再生产，比如租工作室、买材料等。而你工作的出发点不应该是名和利，在视觉艺术中，对待艺术真诚与否，懂行的人是一眼可以看出来的。在开始工作时，你心里想到的应该是回到最初学艺术时的想法，真诚地去追求，你的一辈子是要这么去做的，你应该回到这个起点上来。

尚扬，著名艺术家，首都师范大学美术学院教授、中国油画学会副主席。1965 年毕业于湖北艺术学院，1981 年油画硕士研究生毕业。曾任湖北美术学院教授、副院长。作为从 20 世纪 80 年代中国新艺术运动中发展起来的艺术家，尚扬在探索着一条与传统法则偏离，但又重在自我建构的道路。

写字刀削斧劈，刻字飞石四溅。得意处，哇哇大叫，钟国康，这个曾闭关12年，敢和古今名家的书法一见高低的艺术“疯子”，从不遮掩对他人的批评，亦不担心他人的非议。

钟国康：木鸡养到

“古人写的招牌，我写一遍，古人撰的联，我写一遍。临帖是学习，不是PK，我把古人的东西写一次怎么叫PK呢。”钟国康，这个不惮于被称为“最丑的”书法篆刻家，日前出版了一本对经典牌匾进行点评的专著，在外人看来，自大得有点堂皇，骄傲得有点不懂味。钟国康早不惧怕这种指点，他不喜欢掩藏，他很清楚掩藏属于被褒扬的中国式美德。“其实精髓的东西就要亲身体验，真刀真枪地干，这不等于藐视它。传统的东西我们要敬畏，但是不能让它左右我们。被左右了就没有未来的传统。”

一身宽大的黑衣套在精瘦的身板上，墨镜随意地推在眼睛以上任何地方，枯长的头发涌向脑后，一双“用不擦”的白皮鞋赫然醒目。钟国康在朋友陈文眼里，这样的制式装束，就是故意示丑，如

"一头发情的雄狮"，"说白了，就是勾引人对他的关注和兴趣，好多猎物就这样死在狮子的口里"。

身怀刀墨，野蛮生长

在广州从化，树木丰茂的头甲山，形势如龙汲水。几年前，钟国康被朋友带至于此，震惊于眼前山水，遂安家于此。

这是他继20世纪90年代安家深圳后，又一次乔迁。在从化钟国康的别墅，求字者络绎不绝。钟国康的工作室在地下室，问得求字者喜好，钟国康以海口碗调墨，拎起侧剪两边的毛笔，淅淅沥沥写起。

"嫌墨臭的女士可以回避。"钟国康笑着说。

墨臭不可闻，由来已久。六岁时，父亲工作很忙，也怕影响工作，就把钟国康送回广西老家上学。那时小学几近私塾，"在破庙改成的教室里，没有课本，老师都是即兴讲课。每天都拿毛笔，抄写老师写在黑板上的字。那时抄字的墨汁很臭"。买不起笔墨，毛笔是爷爷做的，墨也是土法调制。一年后，父亲回家探亲，他不忍心钟国康如此被"放养"，又把儿子带回广东九龙山脚下的农场读书。

七岁时，钟国康看到在农场工作的父母拿着印章，就可以领工资，于是他觉得印章神奇，想拥有一枚属于自己的印章。没有刀，不怕，他搞断锯片，磨成锋利的三角刀，在木头上刻。"一直到初中我还在用它，到高中我才买了一把真正的篆刻刀。"

于是毛笔与刻刀，成为钟国康毕生携带的“兵器”。因毛笔字出色，他高中毕业，被调到农场放电影，而后又因毛笔字出众，他从农场被调入遂溪县文化馆。20世纪80年代初，在看不清国家和个人的未来的人看来，长得丑的钟国康整天猫在墨臭熏天的屋里刻字写字裱字，也许是一种解脱。

为了博采众长，钟国康尽其所能，买入古今名家的作品。1987年，他还到故宫参观了六天。从早看到晚，行踪可疑，差点被保卫人员赶出去，人家骂他：“哪有这样参观的，眼睛都歪歪的。”

以写字的大胆、空灵，钟国康被当时的深圳市委主要领导人李灏赏识，调入深圳。在深圳，钟国康如鱼得水，他的篆刻作品被深圳市政府当成赠送外国友人的礼物。但在此时，他亦陷入困惑——学谁像谁，但钟国康的位置在哪里？“我曾经学吴昌硕像到什么程度呢？你把我的名字盖掉，人家会觉得是真的。”钟国康告诉笔者，“那时就有个朋友说‘我特别崇拜他，你能不能临一幅他的字给我？’”钟国康爽快答应，就帮他写了一副对联。过几天朋友说，那幅字已被人抢走，落款名字故意被挖掉，让人以为是吴昌硕，拿去拍卖，几十万成交。“我就觉得钟国康不值钱，钟国康的名字被挖了就值钱了。”钟国康说他想不通，很郁闷，1991年开始有意识闭关，研究为什么吴昌硕这么牛。刚闭关时，妻子闹别扭，她担心生活的开支。那时钟国康还养了两个书童，一个月一万多的消费，关了十几年等于几百万扔掉。“那时候很郁闷，甚至想过跳楼。”

“结果我找到了。我化整为零来学他。他写诗我写诗，他写对联我写对联，他写文章我写文章，他出书我出书，他享受什么环境我享受什么环境。我相信我能超过他，我全方位地跟他PK，一点都不闷，闷的时候我就抓起书本，跟他聊天，看他的书。”这时已是2003年，这一关，过去了12年。

“木鸡养到”

钟国康在从化的别墅，是自己亲手做的室内装修，尽管他从未学过设计。“你看我搞篆刻，就把篆刻的东西融进我的书法；我写书法，就把握书法蘸墨的效果刻进我的印章里面。”在他看来，这一切是可以互通的，不会互通的人就是一知半解，没有灵魂，没有醒悟。“你看我的装修，我的灯在晚上看特别好看，全部都是在柱头打到天花板上，这个历史上还没有在私人的房间里出现过。”

钟国康自陈醒悟了，他的名气自南而北，自东而西，浩荡而去。

2014年6月，钟国康印馆在西安开馆，莫言发来贺信，贾平凹现场致辞祝贺，来自全国各地的文化名人参加了开馆仪式。

钟国康与贾平凹的交情，全因朋友、著名文学评论家谢有顺的引荐。2008 年11月，谢有顺带着贾平凹去深圳找钟国康。第一次见面，钟国康甩开膀子，飞石走刀，帮贾平凹刻了枚印。贾平凹说：“你辛苦了，我也为你做点什么吧。”“你帮我写篇文章吧。”“这个肯定，之外还可以做点什么？”“写个书法吧，就写‘木鸡养到’。”贾平凹看到钟国康的眼睛盯着他的时候很凶，就只好说那就写吧。贾平凹实话实说，不知道“木鸡养到”是什么意思，要钟国康文责自负。

贾平凹问什么叫做“木鸡养到”，钟国康解释说：“呆若木鸡”这个典故是在“木鸡”那里衍生过来的，以前没有电视没有什么娱乐活动，古人养鸡来斗鸡，国王可以用钱来找到最好的鸡种，用钱请到最好的养鸡人，结果国王的鸡一出来，其他鸡一见到就吓倒了，国王的鸡不斗而胜。“就是说如果我钟国康的书法像这个最强的鸡一样站在这里，其他人就认可投降了，就是最牛了。”贾平凹说：“你的句子太棒了。”一下抱住钟国康。

“我说这是我二十多年前写的，现在是成语了。”钟国康说的是实话，外人初次听到，当成他自吹。

与古今名家 PK

除书法篆刻外，钟国康擅长给商家写招牌。“我认为只有门户头额的招牌才是永久的作品和永久的个人展览，招牌要抓眼球，方能招来双方想拥有的一切。招牌是抬头见喜的事情。”三十多岁时，他就琢磨写招牌的章法，因为招牌毕竟是要挂在墙上。它挂在钢筋水泥的墙体上，这时字如果不写得有金石味，就压不住钢筋水泥石头的力量。“所以我搞书法，崩崩裂裂就会有刀味，有这种味道的东西挂在墙体上，就能压住它。”

钟国康书写的招牌在广州、深圳两地随处可见。好的招牌，钟国康认为最主要须抓住两点：第一，写招牌要像抓拳头一样，紧密无间；小字，蝇头小楷要宽缺有余，很小的位置也可以写得很轻松。第二，要把金石味写进去，才能压住墙体。

2015年初，钟国康的《金字招牌》出版了。在这本书中，钟国康对一百多块古今牌匾一一点评，并附上自己对此牌匾的书写作品。这种PK，又一次暴露出他的霸气。

一度，钟国康自称吴昌硕门下走狗。“他的名气积累太厉害，但不一定说他的字好过我。我去跟他PK，你会写篆书我就写篆书，搞篆刻我也搞篆刻。石头当纸，刀当笔，我的效果放大再大都可以。某一方面不是我说的算，是中央美术学院教授薛永年说你的东西比得上吴昌硕，因为笔墨刀的味比他强，这是对比出来的。”钟国康说结果薛永年就用他的东西对比好多人，“这种对比的方法我认为可以用，所以我在《金字招牌》里就产生了很多对比。”在钟国康看来，对话意味着不会被名片里面的超级头衔影响，显示出了PK的功底。

“现在网上有群人，读书不多，为什么整天唧唧歪歪？他就是乱谈，就是没读书。你说贾平凹作品不行，批评他可以，你就说他作品不行。你不要讲虚的，网上很多东西都是虚的，我很讨厌。什么叫实？你说我不行，你就说我书法不行在哪里，这才是就事论事。”钟国康喜说惊人之语，亦招来网上非议。“我喜欢用PK的方法，一对比就不怕了。”

细观年轻时钟国康的照片，他头发梳得光滑、面相整洁、姿态规矩，而近照，则张牙舞爪，猴性十足。摄影师交代他的动作，他一般拒绝，而是自创动作，无惧形象。“不能像一般照相一样做姿势，那样是没有传播力的。书法也是，如果还是学古人那一套，它就没有生命力了。你学王羲之，学得再像也只是像。”

钟国康希望自己的书能多被盗版，“盗版意味着别人帮你传播。酒香还怕巷子深”。张扬的作为，在钟国康看来，这不是源于自己的个性，而是与学识和见解有关。

贾平凹曾感慨：“形状这般的孱弱，他应该低眉顺眼，应该寡言少语，但不，他始终不能安静。”刻字时，钟国康会为自己的刀工哇哇大叫，为自己得意。被人誉为鬼才的贾平凹也不得不说：“我看着他，总想：这是个什么人呀，可能前世是钟馗，今世才一身鬼气。”

[对话] 骂我的人最后都会是我的俘虏

敬畏传统，但要破古人

笔者：怎么会想到做一本《金字招牌》？

钟国康：一个人要做一个艺术家，参加几天展览是不够的，写书法作品可以长期展览，比如有百年老店挂了我的字，展示的时间比音乐厉害，音乐一首歌十几分钟，一停下就没有了。当然音乐也很厉害，它一放时，窗口一开就会跑进房间。但是我认为好的书法一样有这种效果，尤其是金字招牌。假如天安门上挂了一个我的牌匾，如果挂一百年，一百年的分分秒秒它都会在那里展示。书法家不为社会服务，不为大众服务，只为小众的展览服务，它是一种缺陷。

笔者：刚开始学书法你会羡慕别人，模仿别人，什么时候你开始觉得并不是那么回事?

钟国康：一个人对中国的传统国粹，一定要有积淀。特别是搞中国书法绘画的，不仅仅是技法，还有文学方面的东西要积淀。我一下醒悟的时候是四五十岁，这时候我才感觉到，任何东西在我这里基本全通了，文学的、美学的。以前我不写文章，五十岁我开始写文章，很怪，我自己都不相信。这都是五十岁以后的东西，所以说积累不到一定程度不敢批评人家。

发展中的传统才是最好的传统

笔者：你经过闭关，对书法的领悟就更有自信。

钟国康：传统一定是要发展中的传统才是最好的传统。我认为中国的书法，唐、明、清不是最伟大的，只是开启它的路，它的伟大是没有顶的。现在我们书法家所做的全部都是在铺垫，以后会有伟大的作品出现，艺术是无穷发展的；以后会出现比颜真卿更颜真卿的人，应该是这样，不会错的。为什么这样说呢？你看我们以前用发热的钨丝灯，现在是用LED灯，这是发展的体现。社会是会发展的，我认为传统的东西可以加进新的东西，这些新的东西，是古人想象不到的。像我把笔墨融进印章，是古人想象不到的。中国传统中的东西应该是发展中的东西，不能说吴昌硕就走尽了，汉唐就走尽了。

笔者：那你觉得目前我国书法界有什么问题？

钟国康：问题就是，大众都是大师。有这么多大师吗？这种问题的出现就是骗子横行的时候。很多人有钱，没有把钱花在重要的位置上。拿钱去买作品是错误的，把钱花在提高自己的艺术欣赏水平上后再去买才是对的。现在他们都把钱花在那些书法家老先生身上，在他们临死的时候，不管作品好坏，人一死掉就升值了，就盯着这种升值快来买，短线操作。所以就造成了很多会写点字的，临帖不像帖、临碑不像碑，用胆量写字，就能够横行霸道，其实这就是骗局，我很看不惯。

笔者：很多书法家都惜字如金，你似乎不在乎？

钟国康：这是古人的想法，什么东西都来之不易。还有一种说法，磨墨磨了多少，就写多少个字，表示他的手法很纯熟嘛。但是我以前是为小地方服务，现在是为全世界服务，你古人做得到吗？我惜字如金我还有今天吗？中国十几亿人口，全世界几十亿人口，你一辈子能做多少作品？一天做一千张作品，都没办法满足这个市场。他们不知道这个道理。你现在流传一百张作品，可能一百年后就只剩下十张，一千年后就剩下一张啦。他们没考虑到作品流传的问题。

进去，还要出来

笔者：你说书法不进则退，你的书法有几次大的变化？

钟国康：我有三次强烈的自我的变化。三十岁之前是打基础，学谁像谁；四十岁就知道书法除了古人的美学还有其他领域的美学可以加进来，也就是说经历了我的笔是刀，我的刀是笔的过程；五十岁时开始，就把技巧和思想灵魂融于一体。就是说我在写篆体的时候，我不单单抄古人的句子，我还会写自己的赋、记、对联等。这是强烈自我的阶段，无论是手法还是表现的内容，都有强烈的自我。我认为一个艺术家思想内容强烈自我才是真正的艺术家，不是笔墨的强烈自我。如果没有这三个步骤，我可能老死都是在入门，在学习阶段。进去，还要出来。九十岁还在学习，有什么艺术?

笔者：为何墨自己调，笔自己制?

钟国康：因为超越古人的时候，你用古人的方法就很难超越他们。古人用笔，你也用笔，不过笔要有改动。你看我的笔是剪过的。古人有的东西，我有，古人没有的东西，我也要有，我就可以超越他们。我的学习是这种方法，我的生活也是这种方法。我的墨有植物、有动物、有矿物、有酸碱、有酒、有茶，有我身上的DNA。别人想都不敢想，我一天敢写一百块牌匾，你古人敢？你买纸都买不起。

笔者：外界人说你的个性，说你在炒作，你在意这些批评吗?

钟国康：我认为炒作是他们读不懂，他们不知道什么是传播，他们阅历不够的时候，读不懂我的时候会产生一种误解。谁说我是炒作，我认为谁是知识面太窄，被古人腐朽的思想影响了。古人告诉我们要慢慢来，要谦虚，这是很糟糕的事情。你三十岁的时候谦虚，到六十岁再介绍你自己？那是错误的。所以我读懂这个东西，提前出书了。闭关的时候我谦虚，开门出来的时候拼命出色，他们就觉得我在炒作。传播是靠自己的，自己不做好自己怎么传播，没有实力怎么传播？有实力的时候不是炒作。

中国最牛的出版社像荣宝斋出版社、西泠印社出版社认可我了，我就出山了。还有一点，有人读不懂我，就是我最好的机会。为什么这样说？你读不懂我，我做你的老师，你请我吃饭，我就有饭吃，所以说骂我的人最后都会是我的俘虏。

钟国康，著名书法家、篆刻家。第一代农垦职工子弟。2014年，由他篆刻的9枚印章为中国印花税票《岭南钩沉》所采用。著有《钟国康书法篆刻集》（荣宝斋出版社出版）、《钟国康篆刻作品集》（西泠印社出版社出版）、《金字招牌》（广西师范大学出版社出版），等等。他的书法博采金农、吴昌硕、王羲之等众家之长，却又不着痕迹；他的篆刻则直接书法入刻，将墨、刀法、石味融于一体，形成独特的金石之味。

14 岁就立志踵武休谟，做“哲学英雄”的夏可君，近年来在艺术策展界声誉日隆。通过艺术策展，他正在向哲学更深处突入。

夏可君：做艺术就是返回世界

“20世纪西方现代性艺术，还主要是一种视觉艺术。”身为艺术策展人，夏可君现在的行程很满，他的艺术批评也很满——没有商讨和含混，直击问题核心。和他面谈，密集的词语，冷静的语气，扑面而来。“直到杜尚出现，才把艺术还原到个体上，出现了严格的个体艺术，但杜尚的问题也在于：过于服从于个体的身体性了，哪怕是加入福柯以来东方化的所谓身体修炼，也还仅仅是对西方个体性艺术过于暴力与过于表演性的某种冲淡与平衡，但并没有从根本上面对艺术本身的问题。”

德国西南部有一个地方叫弗莱堡，弗莱堡有一个童话般的所在——黑森林。在黑森林杉树安详、苔藓恣肆的半山腰上，有一条窄窄的逶迤小路，歌德曾在此推敲“平仄”，黑格尔偶遇过来自密涅瓦河的“猫头鹰”，海德格尔在工作之余，走出托特瑙山的小木屋，或极目无边的蓝天白云，或漫步其中，思考存在。2002年，来自古老东方的夏可君，雄心勃勃地款步于“哲学家之路”，摩挲着路旁古旧的墙体。远处，蒂蒂湖畔布谷鸟的歌声婉转而来。

2001年，夏可君辞别了导师邓晓芒，离开武汉大学。在中山大学短暂的执教后，只身去国，负笈西行。2003年入德国弗莱堡大学，2005年入法国斯特拉斯堡大学哲学系，拜在法国解构主义哲学家让－吕克·南希门下，援疑质理。2006年回国以来，夏可君先后出版了多部哲学和艺术著述，但他仍不太满意。他说，在混杂现代性的中国，怎样把前现代的传统、现代的城市生活传统和后现代虚拟的网络空间整合成一个新的形态，并提炼出一个精神形态，以超越这个时代，这是当前哲学家的任务。

“现在的中国艺术圈，谁人不识‘君’！”夏可君信心十足地说道。从法国斯特拉斯堡大学哲学系博士后一毕业，他就回国把艺术策展从广东做到了北京，去开拓更广阔的天空。艺术策展对他来说，一方面是在实践自己“虚薄”的艺术理念，另一方面也是夏可君返回世界的一种方式。他说：“我就像佛教徒一样，悲观地出世，离开这个世界去思考，做艺术就是返回世界。在做策展之前，我是一个比较拘谨的学者，找不到进入社会的道路。”

近年来，在艺术策展领域，夏可君敏锐的嗅觉和艺术直觉，赢得越来越多艺术家的尊重。要做的展览越来越多，要应付的事务亦应接不暇，属于个人的写作时间捉襟见肘。他失落地说：“至今我还没有推出我个人最重要的哲学著作。”但他立刻又举重若轻地、淡淡地补充道：“不过一定会有，并将被载入哲学史册。”

[对话] 在德国找到天空

"余让"哲学的诞生

笔者：你是如何与哲学结缘的?

夏可君：我对哲学的兴趣就产生于20世纪80年代，正值存在主义思潮和理想主义交杂期。14岁那年的暑假，我在一位叔叔家里读了第一部哲学著作——休谟的《人性论》，当时就想和休谟一样做一个哲学英雄。接触萨特和海德格尔是之后不久的事，当时读不懂，但读不懂也要读。十六七岁的时候就觉得自己要做个哲学家。20世纪90年代我也曾是个诗人，但感性的诗歌和理性的哲学实在难以平衡，读硕博的时候，基本就不写诗了。

笔者：邓晓芒对你最大的影响是什么?

夏可君：首先是他对启蒙理性的严谨介绍，他翻译了三大批判。他认为中国人缺乏真正意义上的理性的思维方式，即中国没有多少现代人。我们的思维方式要么是传统的，要么是混杂的，要么就是随便的。西方有很多严谨的对思维本身有所思维的人，对思维本身进行批判以求超越。我跟邓老师学了三年的康德，邓老师强调读书要句读，当时有十个人跟着邓老师学习，你读一段我读一段，自己读自己讲，三个小时读一页纸，很难很痛苦。后来我们终于会用康德的话说康德了。

其次，他曾经对我说："夏可君，你要认真地过好每一天。"要是他没有过好每一天，是不会跟我讲这些话的，后来我就把他这句话当宗教信仰一样奉行。还有就是对身体的自我管理，即福柯说的对身体的关心。他今年六十多了，还是每天做一百个俯卧撑，身体非常之好。他说自己以前也很懒惰，不愿意起床，但他觉得懒惰是人类最大的罪过。于是他就做俯卧撑，一天增加一个，最后做到一百，40年来，从不间断。邓老师的妹妹残雪，每天能坚持跑步20里。做学问，写长篇小说需要体力，中国很多文人坚持不下来，就是身体不好。

笔者：多年来，你的学术兴趣变化的内在逻辑是什么？

夏可君：我是做新儒学出身，最初我研究的是牟宗三，后来发现他没有解决好自然与自由的关系，李泽厚也没有，所以我要解决的就是这个自然与自由的问题。要解决自然与自由，必须要清楚西方的问题出现在什么地方，因为现代性就是西方带来的，所以我就去研究康德、研究海德格尔。于是在我完成中国哲学博士的论文提纲之后，转投邓老师门下，试图解决康德和海德格尔的关系。

我就把海德格尔"泰然让之"的"让"借过来，然后把我最喜欢的庄子的"游刃有余"的"余"的概念结合在一起，来解决自然与自由的关系问题。

"在德国，我找到了天空"

笔者：在德法留学有何感受？

夏可君：我一直没找到大地，但在德国，我找到了天空。无论是在莱茵河峡谷，还是在山上天主教的修道院，都有地方可以祷告，灵修。夏季的德国，夜幕降临得晚，我会有几个小时的时间饕餮满天变幻的晚霞。我住在黑森林的脚下，位于德国西南部，靠近著名的哲学镇巴登-巴登。在黑森林散步，我可以在小路上走两个小时的长径，遇不见一个人，可以把一个问题想穿了再回去：这在中国几乎不可能。

弗莱堡的哲学氛围浓郁，是亚洲学生朝圣的地方，王家新等诗人也都拜访过海德格尔的小木屋，海德格尔就是弗莱堡的“神”，也许还是“黑色的神”（关涉德意志阴郁的心灵）。在海德堡的博士研究班上，除了四分之一的欧洲人，其他大多是亚洲人，所以说海德格尔是德国的，是欧洲的，也是世界的，尤其是亚洲的。

已退休的哲学教授让-吕克·南希，他是德里达的学生，是解构的第二代，被认为是德里达解构精神的真正继承者。他的家在莱茵河左岸的斯特拉斯堡，我在他家里上课。他对我的影响更大，他和邓晓芒是我仅承认的两个老师。

笔者：这么多年的哲学研究，你最大的感受是什么？

夏可君：整个20世纪真正的中国现代哲学，是从熊十力开始的，然后到牟宗三到李泽厚、邓晓芒到第五代的我。我们都在面对康德哲学的困境，也是整个现代哲学的困境，即自然与自由的结合方式问题，因为自然不自由，自由也不自然。这是当代哲学的根本任务，启蒙之后怎么结合自然与自由，从熊十力到邓晓芒都在试图解决康德的自然与自由结合的可能性问题，至今未果。这是一个现代性的困境，启蒙之后，人类过于理性，过于重视技术，自然无处安放。

我们中国文化的核心就是自然。儒家讲究“身体发肤，受之父母”，它把自然的生育转化为一个生生不息的对于孝道的追求。这是儒家伦理的前提。道家主张人回到“天”，回到自然，减少人为，让自然来为。佛教是一个超越性的宗教，最终也回到了与自然关系的探讨，它通过禅宗，通过王维，最终回到山水画之中。出世和入世的中介是自然而非人，自然是一个凝聚点和真正的归宿。但在现代性里面，这个自然的维度被丢掉了，要么因为西方的技术，要么因为西方的理性，要么因为西方的宗教，要么就是所谓的自由民主，都对自然的维度有所忽视。

“现代性的转换，离不开康德”

笔者：哲学家和思想者有什么实质差异?

夏可君：思想是一个很泛的提法，哲学也有思想，思想里也有哲学。思想家可以很随便，但是有启发性，有自己的思想脉络。中国的自由主义者基本都是思想者，他们对自己的处境生存状态是有反思的。哲学家有两个条件。其一，要有独一无二的概念提出，比如康德的“可能性”，莱布尼茨的“单子”，黑格尔的“绝对精神”，海德格尔的“存在”和“礼物”，德里达的“书写”，若我是哲学家，我的概念是：“余”，“有余地”的“余”。其二，要有严谨的思维体系，哪怕是一个很随便的哲学家，他都有一个严谨的思维体系，像维特根斯坦。

笔者：对李泽厚有何评价?

夏可君：他是那一代人里面唯一的哲学家，他从事的是真正的哲学思考，独立、自由、有真性情，想什么就说什么。早在20世纪80年代，我就读过他的书，他是那一代人的唯一导师。他给我最大的启发就是把康德作为一个范型，要面对康德，不面对康德就证明你没有经过一个哲学思想的转换。中国人有智慧，但是缺少思想到严格的哲学的一个转换，康德是一个转换的枢纽，我们习惯把哲学史思想史甚至文学史混为一谈。要形成哲学范型，要启蒙，要有现代性的转换，离不开康德。

笔者：李泽厚、邓晓芒之后很难再出现有影响力的哲学家，你觉得问题在哪里?

夏可君：其一，我们用三十年的时间，强行消化西方三百年的营养，人的思维自然剧烈动荡。思想需要定力，但人们要学的东西太多，学得越多越不能思想，沦陷于模仿而爬不出来。这是混杂现代性导致的。其二是20世纪90年代以来的经济浪潮，导致了就像李泽厚所说的“学术强盛，思想单纯”局面，进行严谨思想的人越来越少。其三，从1998年到2008年，重点争论是左中右的公共知识分子围绕公共领域和社会领域的争论，而不是思想哲学，也导致哲学的式微。其四，德里达去世之后，西方回到内部了，跟东方对话少了。其五，中国的社会处境不太好，不够自由。不自由的土壤产生不了真正有思想的哲学之花，自由乃哲学之前提。

“我们传统的‘道’被现代性切断了”

笔者：为什么要做艺术批评和策展人?

夏可君：在艺术领域，要为中国艺术找一条出路，它必须与自然结合，所以我去做山水画，去做书法，宋明理学没有把“山水画”作为一个哲学主题，整个20世纪也没有把山水画作为一个哲学对象。一个哲学家必须开拓一个新的领域，把这个新的领域演变成一个哲学概念，用来解决当代哲学当代艺术的危机。我把中国化的书法从它与“书写”有关的自然维度代入到现代哲学现代艺术的困境中，这就是我的一个思考方向，所以这十年我主要在做当代艺术，我试图去推进中国当代艺术，通过自然，通过像中国文化的庭园、日本的枯山水、中国的屏风画以及墓地等，探讨更具有未来性的“虚托邦”（与托马斯·莫尔的乌托邦、福柯的异托邦相对应），实现自然与自由的结合。

笔者：你说过中国当代艺术根本就未发生，不怕得罪艺术圈的朋友?

夏可君：不会。艺术有三个层面，我的艺术观观照的是整个大艺术。第一个是“技术”层面，从徐悲鸿一直到1985年以前，都在学习西方的写实“技术”；此后是“艺术”阶段，对西方的各种艺术观念的吸收；现在理应是“道”的道术阶段，但中国目前没有“道”，“道”是一个更高的世界观原理的贡献。我们当然要经过一个抄袭西方、模仿西方的过程，但我们没有创造性的转换。

但我不拒绝对很多当代艺术家的推崇，尤其是跟自然和自由相关的艺术家，“有余地”的自然与自由结合的艺术就是未来的“道术”。比如说老一辈的邱世华、尚扬、梁铨，中年一代的有姜吉安、刘国夫、陈光武、桑火尧，年青一代的田卫、王爱君与关晶晶，等等，跟“虚薄”有关的，跟“虚托邦”有关的，这是我策展推的一个方向。目前中国艺术的整体状态就是一个混杂现代性的产物，因为有前现代传统，有现代主义，有后现代观念艺术、装置艺术等，用三十年的时间把西方三百年的东西压缩在一起，一定是混杂的。我们希望能贡献出一个新的普遍性的原理，它是中国的但又不限于中国，与传统有关，但又不仅仅是传统的一个原理范式，这是一个未竟的挑战。

笔者：你怎么评价拍出天价的艺术品?

夏可君：我们的当代艺术不能反商业。艺术有三个逻辑，一个是创作逻辑，这个与天赋才气有关；一个是批评家的逻辑，是不是真的按照学术标准去评价；其三是商业逻辑。这三个逻辑从来都不会契合，价格和价值不对等。资本家喜欢什么样的作品，我推什么样的艺术家，要跟资本家协调沟通。如果一个展览能够保证80%的学术质量即有80%的作品是我自己定的，就已经很好。中国至今没有出现伟大的整体性艺术，只有当它出来了，我们才知道标准。

笔者：你怎么看自己的艺术策展人身份？

夏可君：他就像导演一样，要四处进行调动，既要做学术，又要做公关。在做策展之前，我是一个比较拘谨的学者，找不到进入社会的道路。我正式进入这个行当已有七年，我决心要建立一个艺术理论，准确且迥异于其他理论。我还要继续寻找跟我的艺术理论对应的好的艺术家，不对应即无效。我的“虚薄”，我的“虚托邦”要想是有效的，必须要有艺术家与它对上。我的理论和他们的创作是和谐的互动，在互相启发中前进的，不是拍脑袋想出来的。

夏可君，哲学博士，艺术策展人。师从著名学者邓晓芒，留学足迹遍及德法等国。多年来，他不遗余力地将德国与法国当代思想译介到中国大陆，在海德格尔、德里达、让-吕克·南希等现代德国和法国思想家著作上尤其用力。他用哲学的逻辑思想重新审视中国文化，审视孔子、庄子的思想。探讨如何用传统的笔墨打开“虚薄”之境，试图把中国当代艺术推向世界，贡献一种普遍共享的艺术价值。

恣意江湖

人间江湖深，山水江湖大。在诗意而大美的沙漠、山林中穿行，相逢诗意，陶醉于大美。

谁对星空下的吟咏急不可待？谁在品诗品酒中歌舞不已？又是谁在湖边粗简的屋舍旁流连忘返？一群爱好诗书、喜欢沙漠越野的社会精英，和一群文化名流，组成大漠“远征队”，从甘肃张掖直插内蒙古的巴丹吉林沙漠，共赴一个名为“诗意之行——巴丹吉林沙漠星空夜”的户外之约。

醉沙

“在唐朝，一个人将万卷书读破，将万里路走完/带着素娥、翠仙和小蛮来到了塞外/他在诗歌中出现、在爱情中出现，比在历史上出现更有种。”

以书写《河西走廊抒情》获得2013年鲁迅文化奖的李亚伟于2014年9月10日深夜，从兰州驱车，来到河西走廊的丰饶之地——张掖。和他相伴而行的是文学评论家李敬泽、谢有顺，诗人雷平阳、默默、赵野，画家关晶晶等。

诗人潘洗尘、古马在张掖等着他们。这一夜，大酒伺候。客居云南的潘洗尘、默默、赵野和云南土著雷平阳，是李亚伟的老朋友。李亚伟以《中文系》、潘洗尘以《六月，我们看海去》、默默以“撒娇”诗派、赵野以推动“第三代人”诗歌运动爆红于20世纪80

年代。他们在当年全国诗社大串联上认识，熟悉彼此的“气味”。最近几年，李亚伟喜欢云游云南，与这些云南的异乡知己，喝酒、斗茶，读诗，互相埋汰，忘掉少年的虚浮与名利，开始享受俗世的逍遥。

雷平阳书写带有鲜明地域色彩的诗歌，被誉为新边塞诗人。从西南边塞云南，这一次，他也直扑风烟塞北。在中国第三大沙漠——内蒙古巴丹吉林沙漠，雷平阳与朋友们一起把酒行吟。而张掖，是他们塞外行的第一站。“醉卧沙场君莫笑，古来征战几人回”，这群杰出诗人在大漠里把酒欢歌。浩瀚星空下，为无名的山河命名，为沉默的风景颂歌。他们沉醉于风景，他们成为风景。

在张掖，遗忘荒凉

“有人问我，见过骑着骆驼上学的学生吗？说实话，没见过，倒是见过开着路虎放羊的。”2014年9月9日下午2点30分，“诗意之行——巴丹吉林沙漠星空夜”活动的嘉宾，甫一抵达塞上江南——甘肃张掖，就被当地领队搞笑的段子逗乐。欢笑之时，每个嘉宾惊喜地领到了一束主办方敬送的当地盛产的鲜花，第一份塞外的诗意油然而生。

“我内心的家乡，不是东北某地，而是借居于松花江畔松嫩平原上的一个百余户人口的小村子。而我真正意义上的故乡，就只有这处占地不到两亩却亲人满堂、果蔬满园、花香满径、狗儿满地的宅院。”2014年8月23日，潘洗尘从云南回到故乡。余晖中的家园——院内，狗在嬉戏；门前，是父母春天种下的花草与瓜果；越过这一小片花海，是一大片蔚为壮观的稻田。就是这片稻田，曾给他灵感，让他写下了他倍为珍惜的诗——《去年的窗前》。

从故乡飞赴青海西宁，潘洗尘租车，带着妻子和女儿，逍遥地边走边看，于9月10日下午如期到达张掖，成为首个抵达聚会点的诗人。为了这趟漫长的边塞行，潘洗尘专门为读小学六年级的女儿请了假。“李亚伟也在西宁，我邀他和我一起开车，他说自己走过这条线，不答应。”当天，因天气原因，飞抵张掖的航班被取消，李亚伟只能飞抵兰州，和从其他地方转道兰州的李敬泽、谢有顺会合，乘坐大巴向张掖长途跋涉了。

作为《三枪拍案惊奇》《见龙卸甲》等电影的外拍基地，张掖丹霞国家地质公园成为9月9日首批抵达队员的首发之地。而这一切发生在潘洗尘到达张掖之前。张掖丹霞地质公园距离市区30公里。地壳运动的鬼斧神工，造就这里的地貌色彩斑斓，山势连绵涌动，形貌百态，如归帆，如睡佛，如唐朝穿越而来的美女。“如果雨后来看，这里的丹霞，颜色更艳丽，视觉冲击力更强。”导游骄傲地解说，“丝路文化看敦煌，自然奇观看张掖”。

张掖的历史，其实也很辉煌。公元前121年，霍去病领汉武帝之命西征，战败匈奴后始设张掖郡，取“断匈奴之臂，张中国之掖（腋）”之意。历史上，张掖成为中原向西域伸张权力和魅力的咽喉要塞。金戈铁马，注定成为张掖历史上的厚重符号。

地处祁连山下的张掖，地势平坦宽阔，土地肥沃，林木茂盛，素有“塞上江南金张掖”之称。“真没想到张掖这么富庶，原以为是塞外，多是贫瘠和荒凉。”潘洗尘是第一次到张掖，他的三天自驾行，风景看尽，应该所言不虚。而他的这种诧异，基本代表了远征队员对张掖的第一印象。

9月9日至9月10日，“远征队”在边集结边旅游中，探访了张掖不少名胜古迹。除了七彩丹霞让人流连忘返外，在张掖大佛寺，世界最大的室内木胎泥塑卧佛，震撼人心；登临焉支山，林海无涯，沟壑纵横，当年隋炀帝在此召见西域27国使臣，悠悠历史，沧海已桑田。来自郑州的窦先生感叹：“多亏在最后一刻坚持来参加活动，否则一生就错过张掖的美景，更别说沙漠奇景。”

在平山湖，开始撒野

尽管有飞机延误，但挺进巴丹吉林沙漠的“远征队”还是准时地集结完毕。9月11日上午9点，两辆大巴载着五十多名队员启程。

由甘肃张掖到内蒙古巴丹吉林沙漠，从生机盎然的绿洲，到神秘干旱的沙漠，生态和人文景观的急剧跳跃，挑战了“远征队”的想象力。刚出市区，尚未看够芦苇丰茂的湿地，遍地骆驼刺就映入眼帘。秃山，沙地，单一的植被——队员们开始第一次认真地面对“塞外”的场景。

张掖平山湖国家地质公园是北上远征线路上的一个必去之处。这个被中外知名地质专家和游客誉为“比肩张家界”“媲美科罗拉多大峡谷”“丝路地质新发现”的地方，山峰推搡、奔走，深不见底的裂缝蜿蜒流窜。此地名为“平山湖”，山是连绵滚滚，湖，倒是没见一处。有高人指点：“峡谷的宽阔处，像不像一处干涸的湖盆？”还真是。

惊艳于大峡谷的奇崛，队员们纷纷不顾山路的陡峭，一路下至谷底，或闲庭信步细赏风景，或疾步探险峡谷更深处。有人兴奋地去爬近乎垂直的人工天梯，有人忙于处处留影。风是峡谷的真正主人，它日日穿梭，稍事停留，就在谷壁上，旋出了大小洞穴；又如天神，在绵长的峡谷里，留下了许多让信徒诧异的神迹，“楼群”林立，“宫殿”雄奇，忠实的“将军”，出海的“神龟”，扬帆的“大船”，人鸟兽塔，惟妙惟肖！

潘洗尘无奈恐高，只好留在山脊远眺美景。忽然他对一种类似蝗虫的昆虫发生了兴趣，奋勇扑捉，人过处，身后的昆虫翻飞，宛如踏浪而行。从山脊追到山洼，继而山脊，虫累了，他也累了。有人抛去上衣，罩住了昆虫。潘洗尘如愿抓住昆虫，不顾疲劳，一路小跑，献给了女儿：“看，这家伙飞起来翅膀带响。”女儿正发愁怎么带它，潘洗尘已利落地给它做好了“笼子”——一个被烟头烫出洞眼的矿泉水瓶。

白云的投影如野火施虐过，在光秃的山峰上留下黑色的、走动的伤疤。有人被荒野的大美感动，爬到远处的山丘上，脱去上衣，呼啸拍照，仿效者接二连三。未到沙漠，就在峡谷开始撒野。人生的诗意，被浑厚与苍茫的山色彻底点燃。

午饭过后，“远征队”正式驶离张掖，前往内蒙古的巴丹吉林沙漠。晚8点10分，在摇晃的昏睡中，有人喊“到了”。暮色四合，巴丹吉林沙漠的景区大门赫然耸立；25辆越野车，如悍马，跃跃欲试于门口广场。景区大门后沙山突兀，晦暗不明。

大家被不可知的征程刺激，兴奋不已，换乘开始。越野车迅猛而灵活上下颠簸着穿行，如一大队怪兽，夜袭沙漠，直奔夜宿目的地——巴丹酒店。本次“诗意之行——巴丹吉林沙漠星空夜”的高潮就在这里酝酿。

在巴丹吉林的月光下，吟咏歌舞

晚9点半。明月高挂，细沙铺地，音乐响起，“诗意之行——巴丹吉林沙漠星空夜”活动在队员下榻的巴丹酒店的门前开场。诗人、评论家和队员们坐在一长条桌子前，桌前是空旷的沙地。秋风微微，是纵情颂诗的时日。今晚，这里没有级别，没有客套，只有诗歌、酒和自由。

在激越的蒙古马头琴乐曲《万马奔腾》中，诗歌酒会正式启幕。在小说家黄惊涛的主持介绍下，第一个出场的是潘洗尘。而几乎同时，关于潘洗尘的纪录片——《诗行天下》第3～4集《云之南》正在央视科教频道播出。这个自嘲“从小到大忧心忡忡”的诗人深情地忆起《去年的窗前》，“看过往的车辆/行驶在今年的秋天/我伸出一只手去/想摸一摸/被虚度的光阴”；又惆怅地《饮九月初九的酒》，“饮一缕绵绵的乡愁/饮一轮明明灭灭的新月/圆也中秋/缺也中秋”。那种悠长和深情，适于月下徘徊和回忆，场下的观众，都在低声打探诗人的来头。由诗人转向商人，潘洗尘从北京走到深圳，再走到哈尔滨；而在云南大理，潘洗尘重归诗人队伍，编诗集，举办天问诗歌艺术节。

雷平阳的妻子陈黎忙着准备丈夫要朗诵的诗歌。谢有顺打趣道：“不就是朗诵首诗歌嘛，还要老婆伺候。”话未毕不久，大多诗人的身后都坐着自己的妻子。

第二个出场的诗人是李亚伟。他没有选读其成名作《中文系》，而是非常应景地选读了他的《河西走廊抒情》：“一个男人应该当官、从军，再穷也娶小老婆/像唐朝人一样生活，在坐牢时写唐诗/在死后，在被历史埋葬之后，才专心在泥土里写博客。”瘦弱的身板吼出他有味的川普，带出的狠劲与嚣张，逗得大家一阵欢笑。李亚伟大学毕业后，就与美食干上了劲，在当教师之余，开了火锅店，垮了；2000年又在重庆和成都开设有数家酒楼连锁店，殷勤经营，终在餐饮江湖博得声名。

“希望活在北宋”的赵野，是中国“第三代人”诗歌运动的主要发起者之一，他选读的《有所赠》，冷静地描述了一桩“难得一次相逢”，“落叶时节/庭院里野草深深/扇子搁在一旁，椅子们促膝交谈，直到风有凉意”。作为“撒娇”诗派的旗帜，默默在一片朋友的善意笑闹中上场，刷着平板电脑，就着月光，寻找着要读的诗。他其实不想《懒死懒活》，“终于见到梦中的情人/懒得说一声爱/浑身是伤懒得疼/已经是英雄懒得承认”。他说“撒娇，是一种温柔的反抗”。“我们不沉甸甸/中国如何收获”，早在20世纪80年代，默默就写下如此隽永诗句。20世纪90年代初，正愁奶粉钱的默默，偶然被吸纳进上海一家房地产公司的“高管”行列，年薪百万。2002年，他辟设诗院、编办刊物，重振“撒娇派”。现在他一年大部分时间在香格里拉晃荡，当起老顽童，玩起观念摄影。

该雷平阳上场了。迈着刚硬的步伐走出，雷平阳幽默地道白：“我才是撒娇派的转世门徒，今天朗诵的诗是我写给我老婆的。”

不颂秋日和大风，他的诗如他的性格，坦率而真实。在潘洗尘、李亚伟等诸多好友眼中，内心如外表一样憨厚的雷平阳，纯粹就是一个老汉，一如多年前困于昭通乡下怀才不遇的那副模样。

中国作协副主席、拥有“中国文坛无声的权威和举足轻重的地位”的李敬泽声称自己很早就读过李亚伟的诗，喜欢他的《硬汉》，“我们仍在痛打白天袭击黑夜/我们这些不安的瓶装烧酒/这群狂奔的高脚杯！我们本来就是/腰间挂着诗篇的豪猪!”李敬泽念完诗打趣道：“我以为李亚伟是比我老的老汉，今天发现他和我一样老。”他戏谑地称，希望自己和在场的前青年诗人们一样，一直能硬下去。李敬泽下场时，李亚伟激动地端酒迎前，说：“喝酒！你读的是我的老版。”少得大名的文学批评家、中山大学教授谢有顺则背诵了他心仪的诗人雷平阳的诗作《亲人》，“我只爱我寄宿的云南，因为其它省/我都不爱；我只爱云南的昭通市/因为其它市我都不爱；我只爱昭通市的土城乡/因为其它乡我都不爱/我的爱狭隘、偏执，像针尖上的蜂蜜”。念完诗，谢有顺骄傲地说：真正的朗诵是能够背诵，你们那是读诗!

篝火燃起，烤羊肉串的炉火也旺盛了。围观的听众大多数是第一次零距离接近文化名流。手中捧着已领到的签名图书，听着诗人和文学评论家声情并茂的吟诵，或者忙着翻书寻找诗歌，或者低头打探诗人的来历。一位来自辽宁的女士说：“没想到能一下子汇集了这么多厉害的名家，而且他们态度随和，不端架子，在月光下听他们朗诵，这样的纯粹和逍遥，一辈子都不会忘记。”一位来自上海的先生更是感慨：诗人比我们更敏感地感受到生活的美好，他们和我们并非距离很远，他们能享受的，我们普罗大众也应享受，

"快乐，自由，是所有人的向往"。

诗朗诵结束，蒙古族歌手的歌曲再次嘹亮。篝火熊熊，队员们手拉手围火起舞，跳起了锅庄舞。飞溅的星火，映红了一张张兴奋而自在的脸庞。累了，饮酒吃肉。

沙漠小径，明月满怀

已是晚12点钟，阴历十八的月亮高高挂起，星光黯淡，原来晦暗的沙漠开始亮堂了。黄惊涛提议，到沙漠深处走走。于是有人拎酒，在李敬泽和谢有顺的带队下，十多人沿着宾馆后木条铺就的小径，说笑着走向沙漠深处。

有诗人赵野在，大家谈起了赵野喜欢的"宋朝的生活"。有人说那是一个文人地位达到历史新高的年代。有人说这与北宋建国之后重视文人的政策相关。赵匡胤是武将造反夺权，深知骄兵悍将难以驾驭，所以当皇帝后尽可能不重用甚至还要像防贼似的防范武将。而治国又需要人才，不重用武将，就只能重用文人。

20世纪80年代是理想主义的年代，那是一个不读诗无以言的时代。受那个年代诗歌风潮的影响，赵野一考进四川大学，一头就扎进八十年代疾风骤雨的诗歌热潮中，组织诗社，主编民刊，成为当年四川大学生中声名显赫的人物。具有划时代意义的"第三代"诗人概念也就是在此期间内横空出世。"我们的分代简单却格局宏大，1949年前的不算，1949年到'文化大革命'前是第一代，北岛们的朦胧诗是第二代，而我们是第三代。"那时，诗歌是赵野生命中最为宝贵的东西，狂傲的宣言下，自有真诚的付出。

这些年，虽然诗歌写得少了，但赵野跟生活的关系变得更加亲密。四处游走，把酒会友成为赵野的常态。躺在云南的院子里，沐浴着温暖的阳光，有人说，即使不写诗，赵野也能把日子过得跟诗一样。

如今的赵野，又多了一重身份：艺术策展人。2012年，他提出了“心性自然主义”这一概念，并策划了同名展览。月光下散漫地聊天，酒一点点少去，话愈来愈深入。李敬泽向赵野提议：我们文学界和艺术家要组织次对话，“八十年代，诗人和艺术家是经常在一起玩的。现在别说文学家和艺术家了，就是在文学界内部，诗人和小说家都不来往，各玩各的”。赵野也很认同这种提议，他决定和李敬泽各自动员，在来年促成一次高规格的文学家与艺术家的互动交流。

赵野出生在四川宜宾古宋，一个略显偏远的小城。在赵野的自述《一些云烟，一些树》中，古宋被描述成一个破败、杂乱的地方，完全没有他想象中的古朴和诗意。赵野对它并无多大印象和好感。

对故乡的回不去，雷平阳深有感触，他的家乡被垃圾塞住了，然后又被水坝掩埋了。雷平阳只有在诗里寻找故乡。而沙漠里朗诵诗歌，枯木，落日，酒和月光，这些意象，最能勾起诗人的乡愁——对孤独的深刻体验、对渺小的由衷感佩。雷平阳说：“我去过不少沙漠，但巴丹吉林沙漠的柔美，独一无二；我参加过不少诗歌朗诵会，但在沙漠里举行，还是第一次碰见，新鲜，有意思。”在黄惊涛看来，月下的沙漠诵诗，既是对我国古代边塞诗歌传统的致敬，也是现代人表达乡愁、排遣城市浮躁病的一种诗意行动。

在大漠越野，学会敬畏

9月12日9点，享受过精神大餐的队员开始正式征战大漠——翻山越岭，访湖问山，感受大漠的寂静与大美。越野车威猛地开出，沙山一个接一个地被抛身后。司机一踩油门，45度的沙坡急剧而坚定地爬上，突然陡直冲下，或斜沿沙壁，快速冲下。越野的刺激，从未有这般来得激烈。

在一座沙山上，诗人们玩兴大发，骑在沙脊上照合影。潘洗尘喊着李亚伟和赵野、默默一起照相，并戏称："'骑墙派'现在诞生了，从此世无'莽汉'（李亚伟是"莽汉派"主要发起人之一）和'撒娇'。"后来，谢有顺随手在朋友圈发图，有朋友真的询问："你们'骑墙派'的理论和主张是什么？"这让谢有顺哭笑不得。

在沙漠深处，巴丹吉林庙坐落于一处湖水旁。数十棵柳树、沙枣树华荫如盖。虽是盐湖，但碧波轻漾、卤虫繁生，成百上千只野鸭以此为食，浮水嬉戏；湖畔甘泉喷涌，绿草如茵。据导游讲，此庙是巴丹吉林沙漠腹地唯一的寺庙。它始建于乾隆年间。由于深处大漠，人迹罕至，一直保持着原貌。因为有庙，所以当地的蒙古族牧民把这个沙漠绿洲称为"苏敏吉林"，意为"有庙的海子"。

在沙丘和荒草的掩映下，院落隐约可见。这是巴丹吉林沙漠少有的有人烟的地方。大家三三两两兴奋地走向喇嘛庙，谁知院门紧闭，有人说喇嘛外出办事。这里虽然仅有几家住户，却是巴丹吉林沙漠牧民的活动中心。“人烟没有断绝，神灵还在头顶”，这是雷平阳考察云南澜沧江时的感叹，用于赞叹此地，同样极好。导游讲，巴丹吉林庙地处偏远，周边地区人烟稀少，但这里长年香火不断，每年有许多信佛的人不怕路远艰险，慕名前来进香，其中不乏外国游客。

大家漫散走开，去看周边风景。芦苇搭起的家畜棚，寂寞翻飞的风力发电机的风叶，一张不久前就地被夺肉的羊皮，都让这片绿洲多出了一份神秘。诗人雷平阳与妻子陈黎一直留恋不去，拍照，或默坐于门口的椅子上。雷平阳说他喜欢这种平淡和简朴之美。令人奇怪的是，尽管有陌生人不停地用镜头打量院落的四处，但不停地飘出歌曲的房子，始终就没有人走出来看看。他们似乎习惯了大漠的寂寞，也习惯了游客对寂寞的好奇。

在沙地上，嬉戏，拍照，或直接仰面躺着，脸上盖着纱巾，什么话也不说，任细沙从指缝流去，随风而逝，脚印明灭。在大漠里游荡，人容易敏感起来，能轻易地感受到时间之永恒，人生之短促。在一处沙山，大家碰见一个户外运动爱好者。据对方讲，他已在巴丹吉林沙漠独自穿行了20多天。大家纷纷赞叹，又开始感佩人类不畏渺小不自弃的精神。

幸福的时光总是短暂的，穿行180公里的大漠行即将结束，有人用空瓶装进沙子，“带回家，给孩子一份礼物，给自己留一份回忆”。有人留下景区越野车队的联系方式，准备下次再闯巴丹吉林沙漠。

参加这次活动的摄影家陈黎在沙漠之行结束后，在一篇文章中如此写道：“我想他刚性的美、念她柔性的善。他无尘的彻底，是所有感情的终极理想。”她想有生之年，若还能再去，“我还坐在宁静的巴丹湖边，在他的怀抱中、在芦苇荡的抚摸里、在星空的注视下，再开一瓶好酒吧！”

细赏银杏，穿越密林，泡天然温泉，探访千年古道，诵诗弹唱，一群城市精英，在“速度”打败一切的时代，在滇西高黎贡山中，学着放下面具，关注心灵，开始体味慢时光带来的幸福。

悦行秘境

胡伟民是第一批赶到集结地（云南腾冲）的嘉宾。当他全副户外装备出现大家面前时，对于这个43岁，笑起来一点不“商人”的中年男，谁也不会相信他放下企业“船舵”已经三四年。“听说要穿越高黎贡山，我马上就赶来。”胡伟民2014年7月刚游玩过美国黄石国家公园，感触很深。他想看看同样属于国家级的自然公园，高黎贡山有多神奇，于是他积极参加这次媒体组织的“穿越之行——高黎贡山自然保护区公益之旅”。

亿万年前，两块大陆漂移相遇，碰撞接合，高黎贡山从深深的海底崛起，形成了纵贯南北的山之骄子。这个“人类的双面书架”，除具有漫山遍野的珍奇花卉、海拔最高的热带雨林，还生活着珍稀濒危的野生动物和高黎贡山上的精灵——白眉长臂猿，令人读赏不尽，探究不完。在两天的穿越活动中，胡伟民成为五十人团队中最核心、最活跃的队员之一。在观赏银杏，走古道，泡温泉的过程中，胡伟民时刻不忘加微信，交朋友："方便以后参加我发起的户外活动。"在他看来，奋斗和拼过了，就需要慢下脚步，关注自己的内心，学会享受慢生活带来的幸福。而高黎贡山之行，正好成为他寻觅同道的最佳旅程。

45岁退休，准备好了吗？

“村子里就属这棵银杏树最古老，根据祖祖辈辈传承下来的说法，这棵树有500多年的树龄了，但前一阵子，村上请来植物专家测定，说是有1000多年树龄了，可真没想到啊！”2014年10月26日一大早，两辆中巴载着40多人从腾冲县城启程。驱车40余公里，传说中“中国最大的银杏村”——固东镇江东村就展现在大家面前。银杏村目前还没有专业导游，但如果你能听懂并不难懂的腾冲方言，相信银杏村的每一个村民都是一名出色的导游，随便问个村民，他们就能讲述村口这株银杏王的故事。

3000多株古银杏树如黄金伞样遍插村中。虽未到最佳观赏期，但10月下旬，银杏叶早已开始飘落，农户的屋顶、火山石垒起的院墙、村中小径上，银杏叶无声无息地在一叶一叶地扩大地盘。游客三三两两地在村中游逛。有卖柿子和银杏果的，摊点就摆在自己门前。游客走累了，即使不买，也可以随便走进某家庭院，和主人攀谈；主人也会热情地搬张木桌和板凳，陪游客聊天。

与绝大多数远离居民的风景林不一样，江东银杏村最大的魅力就是“村在林中，树在家中”。古老而古朴，有声有息，隐于群山环抱，现于乡民炊烟之间。

平安人寿董事长兼CEO丁当是这次穿越之旅的队员。这位20年前的著名诗人，显然被眼前渐浓的秋色和闲适的农人生活打动，瞄准一个银杏院落，轻声地招呼大家坐下休息。柿子、红薯、银杏果摆上。在这样的秋意渐浓的时节，阳光是明亮而温暖的，微风如自由的金蛇，漂亮穿行。看着纷扬的银杏叶，有人感叹：在这里买栋房子住下，人生就满足了。“我在台北买过一本书，书名《45岁退休，你准备好了？》，作者是壳牌石油公司大中华区业务总经理。他45岁就退下，兴趣包括阅读、电影、运动、旅行、吉他，曾出版《从CEO到乐活家》。

丁当和大家聊起了他当时的震动。“你们杂志可以采访下胡总，他的故事很精彩。”丁当所说的胡总就是胡伟民。胡伟民原是一家电子公司的老总，在上大学时就跟从父亲创业，努力打拼20年，企业壮大后，2011年便全面退出，“请来职业经理人，不再过问公司事”，开始满世界游逛。胡伟民告诉笔者，40岁时决定放假，是对他前20年辛勤工作的奖励。

名利赚够了，为什么大部分的人还是不能退下？就这个话题，大家议论纷纷。有人说退下来，最怕没人需要你；有人说走人茶凉，热闹惯了，忍受不了门庭冷落。不知不觉间，午饭时间到了。在村中一家庭院里，大银杏树下，美味陆续端上。除了当地新鲜的山茅野菜之外，主打特色菜有银杏果炖鸡、银杏果炖小肠、银杏果炖猪肚，等等，银杏果糯软，汤味鲜美，口齿留香。

当然留有余味的还有那个退休话题。谁想到在穿越当中与穿越结束，这个话题总会被人撩起——“你准备好了吗？”这群羡慕胡总潇洒生活的嘉宾，虽身家丰厚，大部分也只是摇头感叹。

寻“白眉大侠”不遇

欣赏完秋叶飘零，叹完下午1点，我们将正式进入高黎贡山腹地，或许能看到被誉为“高黎贡山舞动精灵”的白眉长臂猿。一路兴奋，3个小时的盘山公路也不觉漫长。下午4点多，我们抵达高黎贡山自然保护区保山管理局赧亢管理站。

赧亢保护区位于高黎贡山南端，整个保护区面积约有34平方公里，处于保山、腾冲和龙陵三县交界处，海拔2200余米，它一直深藏山中，直到新公路修通，它才在世人面前显露出来。赧亢保护区因活跃着白眉长臂猿，成为众多探险高黎贡的游客必到之地。据保护站青年护工小杨讲，白眉长臂猿最显著的特征就是眼部上方长有两道白眉，头顶部的毛向后生长。因其纵横森林颇有唯我独尊的派头，又被专家戏称为“白眉大侠”。白眉长臂猿是仅次于黑猩猩的、最具进化的灵长类树栖臂行性动物。“一生大部分时间在树上活动。叫声洪亮，数里外可闻其声。今天上午，我还听到了他们在吼声。”

2008年，据当地媒体报道，这里有近30只白眉长臂猿，当地村民亲眼见到的只有5只。“偶尔也会下到地面上来活动，走路时身体半直立，两臂有时垂于身体两侧，有时则高高举过头顶，走起路来一摇一摆，看上去模样十分滑稽可笑。”听着护林员讲着白眉长臂猿的故事，旅程也显得轻快。“我们路上能碰到它们吗？它们有窝吗？”大家纷纷提出自己的疑问。护林员说，听到人声，它们就早早躲开。它们从不搭窝，睡眠和休息都在树体上端。而且它们是典型的一夫一妻制。一般能活到20岁。

碰不上真身，听下声音总可以吧。“它们下午4点多逐渐停止进食和活动，开始休息。”护林员的话让大家有点失落。但旅程总有新的刺激发生。护林员告诉大家，前面有一段“南方丝绸之路”的遗址。在一段下坡路的拐弯处，一块碑石立在路旁，“蜀身毒道”四字赫然醒目。“大家说说，第二个字怎么读？”大家基本都读错了。护林员说：“它的读音是yuán，身毒，是先秦至隋唐时我们对印度的称呼。”这条贸易古道起于四川成都，经云南，到达印度。其总长大约有2000公里，早在距今两千三百多年的战国时期就已开发。高黎贡山保山地区是其要冲。猿吼不已，鸟鸣喈喈，一队驮着茶和丝绸的马帮，从茂盛的藤条与树枝中砍杀出一条道来，马铃含烟，马蹄凝血。也许他们刚刚摆脱当地土人的追杀或盘问，心魂未定。站在千百年前古人踏走过的碎石路上，听着众人的议论，眼前恍然浮现马帮筚路蓝缕的赶路画面。

我们的探险在半山腰处，柳暗花明，眼前是一片没有成林乔木的草地。野草足有半人高，随风摇曳。更远的高处，一株神秘的“夫妻树”葳蕤地生长。它的周身被铁丝围着。护林员指着树枝上的果实：“你们看，这一处和那一处的果子不一样吧。”两种树居然严丝合缝地抱团生长，树身融为一条，树枝彼此交合，算是大自然的一个奇迹。

归程是另一条更为幽暗的小径。穿行在遮天蔽日的藤条与树枝间，花香和草药味扑鼻而来，大家开着玩笑：不会醉氧吧。路旁的水塘上，枯倒的树干如同浮桥。有人惊奇地指着树干下附着的白色囊泡，询问护林员那是什么。护林员颇感意外："那是树蛙的卵。树蛙的卵产在树上，蝌蚪孵化出来，就掉进水塘里。现在还能看到蛙卵，很不容易。"

高黎贡山被称为天然的杜鹃花园，有近200种杜鹃花，其中尤其以有"杜鹃王"美誉的大树杜鹃最为出名。在路上，我们不时碰见高大的杜鹃树。护林员说，观赏杜鹃花的最佳时间是2月初到3月初。护林员让我们看他拍的照片：半干半湿的小道上，成堆成团撒落的，尽是红艳艳的花瓣、金币般的光斑。那种奢华粗犷的灿烂，顿时令我们惊喜不已，再狂放无羁的旅人也不忍去踩踏。"一旦游人如织，车水马龙，路边还会有杜鹃花树，路上还会有杜鹃花瓣吗？"有人叹息。是的，迷恋"速度"的现代人习惯了光秃坚硬的路，正任"速度"驱赶着一路狂奔。如今再好的地方一修路，就容易花也没了，树也没了，只剩一条光秃秃的路。

近两小时的翻越，让我们初尝高黎贡山的神秘。山脚下，大家七手八脚地开始植树、浇水，郑重地在空白的树牌上留下名字。走过，看过，见识了美，我们也要学着留下美。

篝火旁，听昆虫的故事

下午5点多，从高黎贡山自然保护区保山管理局赧亢管理站，我们驱车高黎贡山另一景区。下山，爬坡，沿怒江边穿行。听随行的管理局工作人员讲，我们将去之处，属于高黎贡山中南段。

车拐进一个山谷，从山脚又蜿蜒爬坡。半山腰，一片灯火突然闪亮在对面的半山腰。车在前进，灯火的面积在扩大。起初如散包的萤火虫，洒落在藤蔓上，晶莹闪烁；车爬得更高了，灯火居然辉煌，一大片灯光似乎有了层次，外面是灯光辐射的光晕，里面是高高低低的房屋投射的亮点。似乎，能听到灯的森林里的声音。这里是傈僳族的家园，有人说，那是百花岭村。

终于到了夜宿之地——高黎贡山保护区百花岭工作站。在一大块坪地上，灯光亮堂。院里几棵参天古树，少说也有几百年树龄，花坛里、围墙边开满了五颜六色的鲜花，四周空气沁人心脾。今晚，歌舞和诗歌朗诵就要在高黎贡山的深处激情上演。听工作人员讲，工作站起初只有两间简陋的房子，喝的水是用根细管子直接从山上的一个出水口接过来。而现在这里，盖起了楼房，可以接待远足的旅人。

我们在赧亢保护站遇到了中科院昆明动物研究所的专家李宗煦，他最近在做一个科研项目，正好在路过赧亢，在我们的盛情邀请下，刚工作三年的他，腼腆地答应随队做科考解说，顺便也到我们的夜宿点——百花岭工作站做科考工作。

篝火在大坪中央燃起，昆虫急火火集会。李宗煦手中正进行的项目是普查高黎贡的昆虫种类。诱光灯等专业捕虫仪器撑起。篝火旁，歌舞正欢。一只大飞虫划过人头，驰降屋檐下的杂物上。有人大喊，李宗煦赶忙寻找。在一根木材上，李宗煦已只手捏住不明飞行物。“是一只大螳螂。”李总煦笑着解说着，将其放入一只塑料瓶中。“我的工作是捕捉高黎贡的昆虫，制作标本，然后提取DNA。”可能是专业的捕捉仪器很是惹目，李宗煦身边已经围绕了不少一探究竟的嘉宾。据李宗煦讲，他现在已经抓取了4万多只昆虫。

晚会开始时，丁当代表平安集团，对这次参加穿越之行的嘉宾表示热烈欢迎，强调平安集团一直以来重视客户体验，希望这次高黎贡公益之旅，能带给大家不一样的体验。

高黎贡山保山管理局的局长姜明热情洋溢，在晚会上，他以吉他自弹自唱，赢得满场掌声。篝火熊熊，音乐阵阵，喝彩声连连，百花岭的夜空妖娆起来。闻声而来的村民背着或牵着孩子，好奇地围观眼前这一群玩嗨的山外人。

“睡不着，索性再玩一会儿”

著名诗人、客居云南大理的潘洗尘是当晚诗歌朗诵会的主持。在这次晚会上，他即兴召开了他主编的《读诗库》（第一辑）的新书发布会。丁当的《房子》，雷平阳的《大江东去帖》，树才的《节奏练习》，李亚伟的《李亚伟诗选》纳入其中。其时四人都在这次穿越队伍中。潘洗尘说晚上就请朋友们朗诵他们的诗歌，以示对这些诗歌“老炮儿”的庆贺与祝福。

丁当是当代中国诗坛“第三代人”诗歌运动的主将，潘洗尘沉静地朗诵了丁当的代表作《房子》，“你躲在房子里/你躲在城市里/你躲在冬天里/你躲在自己的黄皮肤里/……拿一盒彩色铅笔/画一座房子/画一个女人/画三个孩子/画一桌酒菜/画几个朋友/画上温暖的颜色/画上幸福的颜色/画上高高兴兴/画上心平气和/然后挂在墙上/然后看了又看/然后想了又想/然后上床睡觉”。抒情、玩笑、憧憬、颓废，一代人的情怀与姿态皆汇聚在这个“房子”里。

李亚伟出场，他朗诵自己的《河西走廊抒情》第十四和十五首。“醉生梦死之中，我的青春已经换马远行/在春梦和黄沙之后，在理想和白发之间，在黑水河的上游/我登高望雪，我望得见东方和西方的哲学曲线/却望不见生和死之间巨大落差的支撑点/……在嘉峪关上，我看了一眼历史/在遥远的人间，幸福相当短暂，伟大也很平常/但我仍然侧身站立，等着为伟大的人物让路”。“如果地球能将前朝转向未来，我仅仅只想从门缝后看清/曾经在唐朝和宋朝之间匆匆而过的那匹小小的白马/……在河西走廊，谁能指出她们是游客中走过来的哪一人/唉，花是用来开的，青春是用来浪费的/在嘉峪关上，我朝下看了一眼生活/伟大从来都很扯淡——幸福也相当荒唐/但我也只能侧身站立，为性生活比我幸福的人让路”。

野夫是李亚伟20多年的朋友，他朗诵了李亚伟的诗《风中的美人》，“活在世上，你身轻如燕/要闭着眼睛去飞一座大山/而又不飞出自己的内心/迫使遥远的海上/一头大鱼撞不破水面/你张开黑发飞来飞去，一个危险的想法/正把你想到另一个地方/你太轻啦，飞到岛上/轻得无法肯定下来/有另一个轻浮的人，在梦中一心想死/这就是我，从山上飘下平原/轻得拿不定主意”。

著名诗人树才曾在中国驻塞内加尔使馆任外交官，曾获法兰西共和国骑士勋章。比起令很多人羡慕的外交生涯，树才更钟情于和诗歌为伴的生活。他曾这样表露心迹：“我从事过很多职业，但真正吸引我的，不是任何外在的社会职业，而是写诗这件事情。如何成为一个真正的诗人？这才是我四十多年来最操心的事情。”他上台朗诵的诗是《雅歌给月亮》，“六点钟/天空把我蓝透/凭什么/它的辽阔和虚静/……我/一粒微尘，一缕风/就让我在你周围飞吧/因为你是发光体/你是”。当晚围观的嘉宾得知诗人树才精通法语后，大声要求他用法语朗诵诗歌。彬彬有礼的树才是见过大场面的，他微笑着应诺，用法语朗诵。苍茫大山，鸟鸣千种，怕是第一次回响异族的语言。树才一落声音，场上响起尖叫和掌声，尽管刚才的朗诵，听众中怕是没一个人能听懂，但那如情人呢喃的声音，扫过高黎贡山上幽深稠密的夜晚，击碎旅人内心的最柔软处。

著名诗人桑克是树才的好朋友。1986年，他就认识了树才。那时桑克还是北京师范大学中文系二年级的学生，树才是北京外国语学院法语系大四的学生。他们因诗歌结缘。谦和的桑克一上场就感慨高黎贡山之魅，希望大家在“美好的夜晚，享受诗歌带来的幸福”。他朗诵了树才的诗《一切的一切》，“慢慢的，一切的一切/都会在记忆的抽屉里/各自找到各自的位置/……人类，他们的心事不同/目光总是高不过额头/……”

该雷平阳朗诵了。他选取了自己一首与傈僳族的歌舞“穷人啃骨头舞”同名的诗歌，“……他们命令我/撕碎通往天堂的车票，坐在/暴怒的怒江边，看他们在一块/广场一样巨大的石头上，跳起了/穷人啃骨头舞/他们拼命争夺着/一根骨头，追逐、斗殴、结仇/谁都想张开口，啃一啃那根骨头/都想竖起骨头，抱着骨头往上爬/……那一夜，我们接着喝酒/说起舞蹈，其中一人脱口而出/‘跳舞时，如果真让我尝一口骨髓/我愿意去死’/身边的怒江/大发慈悲，一直响着/骨头与骨头，彼此撞击的声音”。

很可惜，那一夜，怒江畔的傈僳族没有给我们跳起“穷人啃骨头舞”，我们无缘目睹那种暴怒的舞蹈。在虫鸣喋喋的夜晚，雷平阳朗诵了另一首有点暗黑的诗《集体主义的虫叫》，“……整整一个晚上，坐在树上旅馆的床上/我总是觉得，阴差阳错，自己闯入了/昆虫世界愤怒的集中营，四周/无限辽阔的四周，全部高举着密集的/努力张大的嘴，眼睛圆睁，胸怀起伏/叫，是大叫，恶狠狠地叫，叫声里/翻飞着带出的心肝和肺……”

著名诗人赵野称赞雷平阳是“最接地气的诗人”。雷平阳在诗里勾画了他的云南地图。云南的山水蜿蜒在他的诗里。在高黎贡山腰处，赵野朗诵了雷平阳的诗《高黎贡小景》，“……今夜，我一个人驱车上路/看不见高黎贡溪水之上/叮叮当当的银首饰。风声如鼓/黑脸庞的昆虫，叫得多么/卖命，从隆阳区到腾冲/一百多公里的黑暗中，它们/在替高黎贡，喊，喊怒江，再宽一些/喊，喊一山战死的亡灵，快一些/远离焦土。喊，喊越来越少的物种/天亮之前，务必乔装成卑贱的灌木/喊唯一的一对金钱豹/趁着月光，赶快交媾……”

应听众热烈要求，树才又一次上场。他用欢快、调皮的口吻朗诵了丁当的诗《学校》，他希望多年不写诗的丁当，能重归诗人队伍，我们要“迎回一个伟大的诗人”。“老师站着/学生坐着/冬天趴在窗上/夏天躲在树上/爸爸在工厂做工/妈妈在商店打盹/爷爷奶奶在坟墓里不吭不哈/……老师爱上一位姑娘/姑娘是电影里的寡妇/寡妇是鲁迅的/鲁迅是三十年代的/三十年代是旧中国的/旧中国我们沿街乞讨/……而我们/统统来到学校/端坐在木头上/用木头脑袋对准老师/把老师钉在黑板上”。

“在两天时间里，在这次穿越活动中，大家生活在一起，一次相逢，就成为不能忘记的亲人。”诗歌朗诵接近尾声，主持人潘洗尘一如既往地力挺他心目中很“牛”的诗人雷平阳，朗诵了雷平阳的名作《亲人》。

篝火仍在燃烧，有人离去，但音乐和歌舞还在继续。好客的傈僳族老村长带队跳起舞来。烤肉开始飘香，迎客酒又喝起，歌声和欢笑声又回荡在高黎贡山的夜空。武汉来的程女士，本来已休息去了，这时赶来，加入傈僳族姑娘歌舞的队伍中。“听到这里玩得很嗨，睡不着，索性再玩一会儿。”

听水鸣歌，犒赏人生

10月27日9点，晨雾缭绕。四十多人的穿越队伍从屋后的山路进军大山。山路缓慢爬升，半小时后，一条小径接住大路，牵引着队伍横着山腰继续探险。横路倒塌的朽木、遮天蔽日的乔木逐渐增多。陪我们考察的保护站护林员说，每到春天有数百种上万只的鸟类在此栖息，“国内外很多鸟类专家都来这里进行观鸟科考”。

听说这片森林里有金钱豹、野猪、羚牛和黑熊，“我们今天会不会碰见什么动物？”有人好奇地问护林员。护林员卖着关子：“难说。你们说，如果碰见黑熊怎么办？”听到五花八门的回答，护林员说：“不要跑，屏住呼吸。黑熊的视力不好，主要靠嗅觉。如果被黑熊撞见，赶紧逃跑，要向下坡跑，看见树了，就爬上。”问：“为什么？”答：“黑熊下坡追人，追得快，刹不住脚，再加上视力差，就一直追下坡去。”

护林员说他也遇到过黑熊，所幸的是黑熊当时没有发现他。护林员继续卖关子：“继续往下走，会撞见奇迹，在那里有片世界上记录到的纬度、海拔最高的热带雨林。”小路开始向山下蔓延，林内板根巨大的乔木越来越多，粗大的藤条有的如秋千样吊在路上，行人可以舒服地摇荡。护林员说，眼前就是热带雨林。在护林员指点下，我们认识了诸如树干、枝条上的天南星科、胡椒科附生植物，还有林下大叶草本植物，如野芭蕉、穿鞘花等。这片林子有200多亩，沿百花岭洗澡河(澡堂河)河沟分布，北纬25°19'，海拔在1300~1500米范围。“这是2009年中科院西双版纳热带植物园科研工作者在这里考察时意外发现的。当然，之前当地猎人早知道，只是不知道是热带雨林。”

临近洗澡河谷底，水声悠长清脆。有人提议：静默三分钟。二十多人的队伍于是驻足于一个山包下的小径上，闭目倾听。水声从山包另一边传来，向脚下的谷底走去，从茂密的植被中钻出，灵动激越。护林员说，赶紧走，现在还没有走过一半路，另外一处瀑布才开眼界。果然，这张本次旅程第一次撞见的瀑布果然不大。被更美的景色诱惑，大家加快了步伐。路上，有人惊奇地喊着“捡到宝贝了”。护林员赶去察看，笑着说：“这是肾豆，像不像人的肾脏？”其大如成人拳头，周身布满红色经络，果然状如肾脏。

山路偶然难走，有的地方塌方了，三根木头搭就的木桥还是让胆小者惊惧。艰难地上山下山，尚未转过山头，轰隆的水鸣扑面而来。有人欢呼。一百多米的瀑布飞溅而下，如缕缕银丝垂于脚跟。护林员说：“这瀑布叫白发魔女。”果然秀美。此女不“疯魔”，在“她”脚下，有一处天然的温泉，引瀑布之水，可以调水温。

热泉中不断地冒出气泡。松软的池底，不是泥也不是沙，而是多年的落叶沉在水中，变成了如泥一般的物质。护林员说，这温泉富含各种维生素和叶绿素，有美容、健身等多种功效。有人索性赤膊泡澡。泡着舒服的温泉，40岁开始满世界闲逛的胡伟民谈起退休话题：“如果现在开始退休，大家说说有多少钱就可以放心安享后半生？”大家纷纷试探着说出自己理想的价码。看听远处的瀑布声，听着胡总“犒赏人生”的高论，“如果有瓶啤酒就更爽了，”有人惬意地喊。

温泉旁，有北京来的美女问护林员：“你去过北京吗？想去北京吗？”护林员说：“没有。我就像昨天晚上那位诗人说的，其他市我都不爱，我只爱云南的高黎贡山。”有点意思，这般急智，真是坐看鸣鸟飞水久了，都可以吟诗了。

4个多小时的山路，我们在欢声笑语中轻松走过。在归程的晚宴上，碰见胡总，他笑着问我：“你有多少钱45岁前就可以退休？”我不知道自己是被他问到的第几个人。看着我未给个痛快话，他自己笑着说：“其实不论多少数，都是对自己未来生活的一种预期，都是自己对幸福的一种理解。”穿越高黎贡山之旅，让我们学着放慢脚步，关怀内心的呼唤。

旅居大理的诗人潘洗尘，与来自大江南北的诗人、艺术家，以名目繁多的饭局、好玩的展览、无功利的天问诗歌艺术节，在大理构筑起都市生活的别样方式。在异乡大理，他们找到了精神的故乡。江湖在身边，他们进退自如。

大理玩法

奚志农最近很忙。这个目前中国在国际上最出名的环保摄影师开始羞涩地向外界宣导他的环保理念与计划。

2015年3月4日，刚结束北京、上海访问的英国威廉王子抵达云南，约见了奚志农。在听到奚志农拍摄野生动物经常会伪装成石头、树干后，作为国际动物保护组织——“为野生动物联合”主席的威廉王子，表示下次还要来云南，跟奚志农一起扮大树拍滇金丝猴。威廉王子前脚刚走，百余名诗人、艺术家就来到奚志农的老家云南大理。奚志农的野生动物摄影精品收藏展，在诗人潘洗尘的张罗下，作为“第九届天问诗歌艺术节”的重要一环，等候着诗人、音乐人和艺术家的品鉴。

3月15日，“第九届天问诗歌艺术节”在大理洱海畔的沐村原创艺术中心正式起航，诗人李亚伟、蓝蓝、雷平阳，诗评家唐晓渡、耿占春等，和音乐人欢庆、钟立风摇船出场，朗日，微风，樱花摇曳。奚志农和他的朋友们开始捏着酒杯，轻松地欣赏悦耳与悦目的吟诵与风景，而活动总策划、诗歌艺术节组委会主席潘洗尘在弦歌与笑语声间溜出人群，落座于草坪角落的一把摇椅上，疲惫地伸了下懒腰，松了一口气："请让我在山水之间睡去。"

时刻"带着对不周到的焦虑和不完美的恐惧"，潘洗尘是无法睡去的，至多是在微信朋友圈过过嘴瘾，在筹备期和艺术节期间，他的声音经常响在各种工作微信群中，种种指令和叮嘱常常超过深夜4点。

此番诗歌艺术节，除了主餐6场诗歌流水宴、雷平阳和树才的诗歌讲堂、《读诗库》首发式暨诗歌民刊与独立出版物高峰论坛外，奚志农的"野性中国"摄影精品收藏展、大理版话剧《茶馆》更是将诗人潘洗尘的感召力辐射到诗歌之外。这场活动搅活了整个大理艺术圈，定居大理的著名艺术家叶永青、岳敏君和韩湘宁，著名导演张杨全程参与。诗歌艺术节组委会荣誉主席叶永青在开幕式上感叹："我在这里生活的最大惊喜，就是不小心坐在了诗与歌的边上。昨天晚上，看着人民路遍地都是诗人和艺术家，也是醉了。"

"老潘花前月下操碎了心"

"抬头之间，家门口这棵巨大的樱花树已经在朵朵绽放了。有位仁兄恐怕对着这盛放之景高兴不起来，甚而在心里暗叫'苦'，这就是老潘！老潘在大理山水间有个诗歌书院，我管他叫潘大官人，是个事主。”叶永青早早地看到“潘大官人”的烦恼，他在微信朋友圈感叹。潘洗尘算着花期准备活动，有点排兵布阵的意思，“在粉红的十面埋伏中欲与五湖四海的诗人们约一场，去年眼睁睁地看着花开花谢错过了会期，今年算来算去，日子订在了三月中，怎料到一夜春风，花儿竟又提前开了”。

在叶永青眼里，“老潘花前月下操碎了心”，确实感动了老天。2015年3月14日下午，是与会嘉宾签到的日子，迫不及待的潘洗尘就带着一帮诗人朋友观赏樱花去了。潘洗尘、李亚伟、赵野等居住的山水间小区，有着遍地的樱花树与落英缤纷的樱花谷。溪流潺潺，樱花团团，怒放的樱花在枝头妖娆，而早谢的樱花则随溪或聚或散，聚则美艳动人，散则零落伤怀。樱花没让潘洗尘失望，树树开得热闹，听着诗友们热情的盛赞，潘洗尘还是坚持说最美的花事已过。

对植物的热爱，是潘洗尘的一大标签。在潘洗尘的庭院里，他栽种了不下26种茶花树。“水蜜桃成熟的季节，松鼠会跑来抢着吃，手脚慢了，每个它都会啃上一口。”潘洗尘不只栽了水蜜桃树，而且也移来樱桃树，“每年都能收获几百斤樱桃，欢迎大家到时来品尝”。

潘洗尘的朋友、北京诗人莫非更是以植物微距摄影而被公众知晓。在莫非看来，为植物摄影，是他诗歌表达的另外一种方式。潘洗尘和莫非他们，在第一届天问诗歌节上，甚至将诗人必须认识24种以上植物写进了《天问诗歌公约》。山水间小区有超过500种植物，很多是北方没有的种类，这让莫非极为兴奋。“这个小区对我而言，是自然的学校。”况且，山水间还住着莫非相交几十年的朋友树才、一样热爱植物的潘洗尘，于是莫非也住进了山水间。

汪万生是山水间的打造者。他所在的银海地产，在项目设计之初，就一直思考建筑怎样的楼盘，才能匹配大理作为全球旅游目的地的地位。“首先要尊重当地历史和习俗，建筑本身是城市生活的载体，也是文化传承的体现。好的建筑，应该是当地文化的一部分，和当地的历史文脉相匹配。”汪万生和他的团队，最终依据坡地地势，将项目定位在表达大理的村落文化。这种敬畏文化之心，使得山水间的硬环境别具一格，白族建筑元素，结合现代的设计理念，遍布于山水间的每处景致。越来越多的艺术家开始安家山水间，这更让汪万生他们相信，诚意的作品一定能赢得市场，于是更加抓住时机，积极参与各类艺术活动。山水间，不只是大理国际摄影节的协办单位，今年，更是举山水间全体员工之力，深度参与天问诗歌艺术节。“我们无怨无悔地投入，我们也在活动中获得益处——无论员工的精神风貌，还是山水间的口碑传播，都因这次活动而获得正向加分。”

山水间极力营造的邻里文化，与生活于其间的诗人、艺术家的活动形成了共振。“常在大理生活的人们，每每不问来处，不论行业，大家共同有一个称谓——乡亲或街坊。相互关心的也是些闲事和淡话，风花雪月，友来朋往。”叶永青喜欢这种状态。在潘洗尘眼里，叶永青是大理文化艺术圈的地标式人物，“也是我们这帮人的老大哥”。找乐或起哄，是这帮人的共同爱好。在大理，很多朋友之间都常常私送“雅号”，比如岳敏君的“净瓶法师”、叶永青的“饭空大师”。而潘洗尘则被叶永青唤作“潘大官人”。“潘大官人”的雅兴之高，委实令他周边的诗友看不懂，天问诗歌艺术节，至今天已是第九届，但仍不见“潘大官人”的疲态，反而加大活动规模，其出力出钱之殷勤，大家只能唤他“诗坛宋江”。

水上吟唱，洱海湿了

天问诗歌艺术节的缘起，可以追溯到2007年1月。那是潘洗尘在老家哈尔滨，举办了“让诗歌发出真正的声音”的诗歌主题活动。车前子、宋琳、树才、莫非、桑克、默默等14位诗人齐聚一堂，共商诗歌大事，并签署了“中国第一个诗歌自律公约”——《天问诗歌公约》。

自此，这一诗人的团聚活动每年都要举行。自2013年选址大理后，地点决定永久定在大理。一方面是潘洗尘以及许多诗人、作家、艺术家的家在大理；另一方面，大理的苍山洱海所构建出来的山水气象，与中国传统的诗歌精神有某种暗合。潘洗尘认为，白族本来就是一个诗意的民族，喜欢诗歌，喜欢画画，喜欢种花养草。在这里举办诗歌节，再适合不过。“我走了全国这么多地方，唯有大理对诗歌最敬畏。”

3月15日下午2点40分，大理城外，洱海边，沐村原创艺术中心的草坪上坐满了中国诗坛的主将与先锋。主持人树才巧舌如簧，承载着诗人和歌手的小舟接次开拔。水上舞台上，大理白族女歌手和音乐人欢庆以新鲜而动听的音乐拉开了本次诗歌艺术节的序曲。诗人李亚伟是当日第一个朗诵者。他机灵地在朗诵中，他把诗中的“嘉峪关”换成了“苍山”，站在苍山上，俯瞰人间，并侧身站立，为“伟大人物”和“性生活比我幸福的人物”让路。长于当众朗诵的李亚伟，以通俗而机智的语言、元气充沛的语调，赢得观众的喝彩。

民谣歌手钟立风出场了，尽管他有点晕船，但坚持有说有笑，用质朴有力的弹唱，表达他对生命、爱情、友情的理解。在随后的诗歌朗诵中，去年跳楼自杀的诗评人陈超成为大家怀念的对象。诗人蓝蓝和诗歌评论家唐晓渡不约而同吟诵了纪念陈超的诗歌。陈超生前是河北师大的教授，拥有众多身份，既是“少数几个能直接影响诗人的批评家之一”（第六届华语文学传媒大奖评论家授奖辞），是诗人西川希望“偷走”诗句的诗人，也是深受学生爱戴的精神导师。“陈超在天之灵，一定能看到诗友们对他的惦念和牵挂。”树才用略带感伤的语调总结道。

天色渐暗，该雷平阳上场了。树才高声问：“雷平阳，喝了（酒）没有？”雷平阳应：“喝了。”树才开起玩笑：“好，不用扶他（上船），让他掉水里去！”雷平阳朗诵完，有人起哄，让他唱歌。不爱言语的雷平阳激情高涨，不用扭捏，平地起炸雷，扯开嗓门，唱起了他拿手的《莲花落》，“一寸光阴呐一寸金，寸金难买呐寸光阴，寸金丢了容易找，光阴去了无处寻——可怜人！”他用的是那种土得掉渣的家乡话唱的，撕扯的嗓门简直像喊魂一样，让人心生寒意。但其突然暴起的雄风，让这个看起来有点蔫蔫的男人真有了“雷公”的气象。

周云蓬也在当日献唱，次日，他在微博上写道：昨晚，洱海诗人大会，各大门派掌门纷纷上船，舞台在船上，花钱主办者大理聚贤庄庄主潘洗尘潘大官人，就是张开双臂的那位。一百多位诗人凑在一起，弄得洱海都湿了。

诗人李元胜则感叹，一场开幕式活动，让自己连人生观都改变了。著名导演张杨和诗人赵野则盛赞诗歌艺术节是“世界级”的。潘洗尘说，每一届诗歌节都是这样，我肯定是那个在门口坐着的人，兄弟们则在里面品茗论诗。无论是诗歌艺术节还是每年斥资办多种诗歌刊物，我做的所有事情都是搭建一个平台，这个平台要留给那些最好的诗人，让他们出场。“我本人对诗歌无所求，大家来天问诗歌艺术节，就是透口气。”文学评论家谢有顺也受邀与会，他感慨，召集上百位最有影响力的诗人、评论家云集大理，把大型广告做到户外及《南方周末》上，并且会议细节做得如此细致、大气，却全凭诗人潘洗尘一己之力的策划、调度，令人感佩!

放肆与庄重，切换自如

来自黑龙江的诗人李琦，她和唐晓渡打趣，自称是本届天问诗歌艺术节上年纪最大的诗人之一。她开朗而热情，所到之处，总能赢得诗人们的欢迎。有评论家认为，李琦的诗歌不做作不铺张，从不赶任何潮流。她真诚地歌咏人间的真善美，思索生命和生活的价值，在文字中探索人生的意义。

多次参加天问诗歌艺术节的诗歌评论家唐晓渡在开幕式上感叹：20世纪80年代，诗歌和美术是在一起的，90年代以后，随着商业化，美术先走了，不和诗玩了。在当天的吟唱中，观众看到了歌手与诗人的心气相通——歌手钟立风当场向诗人宋琳表达敬意，并献唱；而周云蓬本身就是诗人。站在唐晓渡身旁的潘洗尘赶忙接话："在大理，诗人、画家和音乐人都是一起玩。"

一起玩，在3月16日晚上的诗歌朗诵会上表露无遗。在大理MCA艺术中心，一池清水上，诗人轮番上阵，身旁是音乐人在伴奏；而艺术家叶永青、岳敏君和韩湘宁一时技痒，在高亢的音乐的刺激与朋友的怂恿下，合作画成一幅画。作家野夫，则被鼓动在画旁题字——"二零一五年三月十六日大理诗会雅集，叶永青、岳敏君、韩湘宁三师初夜合作"。字迹潇洒自如，遣词雅俗相间。一时围观者众，对四位合作者的临场急智赞赏不已。

即兴而作的，还有文学评论家谢有顺。他就在舞台一旁的房子里，临时写就一首诗歌，以他谢式的沉稳，缓缓念出。主持人树才一直鼓动诗人能在朗诵之后纵身一跃，跳入池水。但才情狂傲的诗人们大都虚张声势一番，赶忙躲开。倒是树才真嗨了，伴着钟立风的吉他声，他几乎自告奋勇地扭动屁股，跳起非洲舞来。

这种即兴式的表演，未曾料到点燃了与会者的激情。朗诵结束，伴着音乐，韩湘宁带头扭起了舞步。这个脑壳中间从前向后留着一绺短发的时尚老头，是我国台湾20世纪60年代"五月画会"最年轻的成员；70年代，他是名震纽约各名画展的少数华裔艺术家；他被叶永青称为"中国当代艺术的活历史"。很多人认识他，是从导演张杨的纪录片《生活在别处》开始。片中，他白发朋克头，骑哈雷，微笑谦和，如今他亦在大理有了自己的工作室。野夫加入舞阵，宋琳来了，李亚伟、海男等诗人也陆续赶到。这些不曾受过舞蹈专业训练的舞者，忘情地摆动手臂，扭动腰身。野大大呼太快乐了，“像回到80年代”。

在放肆与庄重之间，野夫切换自如。昨日放浪形骸，今晨西装笔挺。3月17日上午，山水间售楼部，野夫担纲奚志农野生动物摄影精品收藏展的主持人。

“我先用下特权，奚志农的这两幅作品我要了，谁也不要和我抢。”作为发言嘉宾的叶永青在对奚志农表示敬意之后马上声明。按奚志农理解，他的野生动物摄影与天问诗歌艺术节的动机都是一样——保护生态和文化的多样性。潘洗尘支持奚志农拍摄苍山洱海的公益行动，执意将摄影展作为诗歌艺术节的重要一环，向公众展示摄影在环保方面的力量。

奚志农从他30年来拍下的野生动物影像中选取了18组图片，每组图片有12套照片。为了筹集下一场公益活动的费用，他将要拍卖掉这些图片。由于被潘洗尘邀约在天问诗歌艺术节开办摄影展，奚志农愿意拿出18组图片中的一套，以每张8000元友情价格启动众筹，销售给第一个认购者，如果有两个以上争夺一张图片，则由奚志农抽签。第二张图片则自动恢复市场报价。野夫刚介绍完规则，来自重庆的女诗人金铃子就从墙上卸下展品，抱在怀里。野夫急了，忙喊：“展品不能抱走，还要继续展出。如果想买，就将自己名字写在纸条上，然后把纸条贴在自己中意的展品框上。”诗友们纷纷行动，奚志农介绍最动情之图片，那幅新年第一缕阳光照耀圆月下的母羊照片，成了大家竞争最激烈的对象。被抽中的幸运者，欢快得尖叫。有人大声喊：没有被人领取的图片，都归我。可惜，18幅图片各有其主。

与有趣人做有趣事

“我们这些人，对生活没有额外的追求，只是按兴趣活着。想玩就玩，想写就写，想演就演。”野夫不只一次这么说过，下半辈子唯一的“正事”，就是跟有趣人做有趣事。这个被潘洗尘称作“中国中老青妇女偶像”的老男人，去年做的有趣事就是倡议排演话剧《茶馆》第一幕。由四十多个老男人排练的话剧，理所当然地要纳入“天问诗歌艺术节”。3月17日晚8点，大理版《茶馆》在山水间营销大厅启幕。整个演出过程笑声不断。

野夫扮演的算命先生唐铁嘴，倒是贴合他的江湖身世。尽管台词不多，但亦风趣有味。“不到大理，不知道自己多能干。不是《茶馆》，我们不知道潘洗尘还会演戏！”扮演常四爷的诗人许崧在剧中有非常精彩的表现，大段对白，精彩抖落，肢体动作与眼神老辣到位。他叹服潘洗尘也能干净利落地将刘麻子的无耻与钻营表演到位。“我非常感恩，看到了自己和兄弟们的变化，特长和兴趣被激发出来，人的良善也被激发出来。”

在大理，说饭局就是生产力，恐怕没人反对。排演大理版《茶馆》的点子就在一次饭局上萌芽。以山水间的这群文化人士为例，潘洗尘热心组织各类饭局，但他滴酒不沾，只是烟不离手。野夫好酒，一次在酒酣之际，好热闹的野夫灵机一动，倡议大家排演《茶馆》第一幕。这个好玩的倡议，得到了潘洗尘等一众好友的热烈响应。于是各种角色分配和主动领取，各种年前忙碌，自备服装，现场摄影由奚志农担任，欢庆和周云蓬负责音乐，画家叶永青和岳敏君出任艺术总监，诗人李亚伟、树才和赵野担当撰稿一职。许崧说，这是“名人跑龙套，要把大材小用进行到底”。

在甲午马年腊月二十八，大理版话剧《茶馆》在山水间小区宰相府如期开席。能容纳一百多人的大厅涌进三百多人，还有两百多人不得不被谢绝门外。当晚话剧演出成功。这成功是由场下不断的笑声和剧组自己的庆功来证明的。当然，这次话剧亦是演出成功。《茶馆》演完当天，剧组成立了苍洱山水剧社，仿北京人艺话剧社，戏称“大理人艺”，正解“大理人民路艺术剧社”。

潘洗尘不止一次用“玩、好玩”来形容演出《茶馆》的初衷和过程。“只有在大理能做成这件事”，他说，这些人是街坊邻居，住得近，又有着共同的兴趣。“苍洱风光迷人，但有这些还不够，我们得给自己找一些生长的土壤，给自己找一种玩法，活得更丰富一点。”

“相信人性，相信世界”

受邀参加这次诗歌艺术节的诗人谢石湘，和潘洗尘一样对文学事业有着反哺情怀。他曾在中央电视台等新闻媒体工作，后返归故乡云南，创办了云南金圣融资担保有限公司。这次他来大理，有着双重使命，其一是和诗坛老朋友相会，其二，观摩这次活动的举办细节。“从几千年以前穿越而来大理的天问，振臂一呼之间的语境，在苍山之巅，采花又何妨；在洱海之滨，就吟诗喝酒吧。”在开幕式，谢石湘被诗人登船吟诗的出场方式震撼了，马上在朋友圈发出自己的感慨。活动尚未结束，谢石湘就匆匆离开，他主办的第三届“《边疆文学》·金圣文学大奖”就要开评了，相当多的事务等着他去处理。在谢石湘看来，处于商品经济大潮泛滥的时代，文学走向没落，作家陷入迷惘。而文学奖项，是唤起人们对文学的关注，唤起人性的美好和信任的重要方式。他希望通过大奖的举办，能够唤回社会对文学的关注，增强作家的自信，创作出更多的精品回馈社会。“更希望通过大奖的举办，让更多的人相信文学，相信人性，相信世界，相信未来。”

1998年，一份《诗坛英雄座次排行榜》在诗歌界引起轩然大波。一位号称“百晓生”的神秘人物，凭借自己对中国诗坛人脉江湖之了解，戏仿水浒英雄榜，评点当时中国108位的诗人，并为他们排列座次。在那份“排行榜”上，福建籍诗人吕德安位列第十八，号为“金枪手徐宁”，判词是“练得一手行云流水掌拖泥带水拳，虎虎生风，好连连。故列为马军骠骑将四席”。时隔三四年，白晓生翻阅过吕德安新诗集《顽石》，又在一些公开场合宣称：“黄灿然、多多、吕德安是当下中国最好的诗人。”黄灿然、多多，显然被过多曝光，而吕德安在媒体上，几无报道。

吕德安是一个温和而谦卑的诗人。20世纪80年代，他和朋友在福州创办了“星期五”诗社，狂热写诗。1991年后，他在美国街头画过画。1994年，吕德安带着他在美国积攒的一笔钱回国，在福州北面一座山上买下一块地。用石头砌了个两层小楼，屋后有一条小溪。后来一帮“行吟诗人”白天插葱似的站在溪里洗澡，晚上用手电照着，一捞就是一口袋虾。吕德安诗中的生活主题，和他生活中的性格一样，赢得极好的口碑。吕德安有云：“我们的写作总是随着生活而变化。”

3月18日晚，大理学院音乐厅。吕德安赢得第九届“天问诗人奖”。与吕德安在颁奖典礼获得同一殊誉的是诗人陈先发。陈先发在诗坛收获了不少奖项，有诗评家称他的诗歌是有电的，“因为阅读中总有被电击和蜂蜇的感觉。这是我们的感觉被一次次刷新，思维的边界被拓远了”。

“当十余位女诗人一起将玫瑰花瓣投入舞台四周的水池，当叶永青、岳敏君、韩湘宁三位当代艺术家与著名作家、诗人野夫一道联袂画完一幅即兴作品，当钟立风与全场人一起一曲李叔同的《送别》送别即将踏上归程的诗人，那一刻，诗歌的真、绘画的美、音乐的情纵横交织，足以把整个夜空点亮。”潘洗尘，这个见惯商海波澜、明了人性斑驳之人，亦在诗歌艺术节现场忍不住感慨。在颁奖现场，面对着终要来临的离别，他忍不住热泪盈眶。

在潘洗尘看来，“现在，比以前所有的生活都好了，不想遗憾”。有人说，现在的大理文艺圈，有些像抗战时期的昆明和西南联大。潘洗尘觉得，他们更像是更久远一些的魏晋名士，退隐江湖，活在精神世界里。

跋

奇妙之旅

从事媒体工作最大的一个好处就是有机会满足好奇之心。

20世纪90年代读大学时，我醉心创办杂志，乐于阅读那些闪烁锋芒的作品。大一时读到诗人李亚伟的《中文系》，“中文系是一条撒满钓饵的大河/浅滩边，一个教授和一群讲师正在撒网/网住的鱼儿/上岸就当助教，然后/当屈原的秘书，当李白的随从/然后再去撒网……”其中“哥们”，“干”，“快活”等字眼洋溢着的草莽精神，让我等不屑于拿奖学金的人大呼过瘾。而现实的情况是，我和朋友在暑期卖着蛮力蹬着三轮车给中文系教授运送偷来的红砖，再一趟趟挥汗如雨搬砖上楼，以便教授砌好厨房的灶台。我们由于贪心，多装了些砖，结果借来的三轮车车轮被压变形。彼时心想，这个诅咒教授的诗人，是不是大学时被教授欺负搬多了红砖？李亚伟就是我那时的偶像——打着口哨，挑破秩序，挑战权威。

20年过去，我有幸两次与李亚伟在旅行中相遇。他还是傲骨嶙峋，大口喝酒，热情地称兄道弟。江湖上，至今仍是《中文系》的传说，而他，早走出《中文系》，他偏爱着他的组诗《河西走廊抒情》。

这是一个影响了我的青春期的诗人，采访时，我尽可能问及他的迷茫与徘徊，顺便也是告别自己的青春。于是与李亚伟结缘。作为腰封贵宾，他热情地推荐了我的一部随笔集。

同样，作家阿来也因采访结识。阿来比想象中随和，他讲《尘埃落定》出版的坎坷和他的坚持。写作的间隙，四处漫游，是阿来保持多年的习惯。阿来不喜欢去城市。去城市，他有紧张感。“城市有规矩，和各类认识或不认识、喜欢或不喜欢的人接触，不自在，没有真正的放松。而去大自然，一个人或几个朋友，在宁静的地方，搭个帐篷，遥望星空，聆听原野声音，多好——既能欣赏大自然各种美，又不妨碍原来的思考。”

由阅读作品，而心有戚戚，而结识本尊，这是一个奇妙之旅。而此时，我也满足了编撰杂志的嗜好，过足了瘾。想想不太应该，我们这些杂志癖，说好的以读者为衣食父母，其实有多少是为了读者？不过这是最隐秘的心曲。我们本着热爱，骄纵爱好，也妥协着市场，兼顾着寻找着理想读者。

与这些自己敬重的名家交流，你更确信人品与善的价值。有些人，早已熟悉他们的作品，甚至他们的逸事，譬如李亚伟、王跃文、阿来；有的虽不甚了解，但一见如故，譬如小说家田瑛、诗人莫非、书法家钟国康，他们性情直露，不藏掖，不伪装。

拿成功学的标准，这些名流早就吃喝不愁，但他们绝不轻易迁就他人和市场（他们有的甚至是市场的宠儿），与市场保持着微妙的动态平衡，不拒绝，但不盲从。和他们交流，你能听到他们风光背后的孤独。譬如画家尚扬，这个被誉为中国画坛“常青树”的艺术家， 早已是拍卖市场追捧的艺术家。2011年北京保利春拍，尚扬作于1981年的作品《黄河船夫》，最终以3162.5万元成交，这不仅是当季拍卖的艺术家最高价作品，也刷新了艺术家个人作品拍卖历史的最高价。我记得他说过的话，“很多人都企望当那个最好的艺术家，这并不是明智的想法”。尚扬说，没有过多的奢望，才能更好地投入创作。“但是，有一条我要坚持：一定要比昨天好、比过去好，这很重要，也是我可以做到的。”

这个外人眼中很有钱的老头，已经能熟练地使用搭车软件呼叫的士，他觉得这样方便。在他身上，你就相信这样一句话：坚持自己的，市场的成功是顺带的。

从非虚构的写作原则而言，我喜欢含蓄和留白的美学，直接的夸饰和评论一向为我所鄙视。采访这些名流，我更喜欢多用故事和细节还原他们的脾性与历史，但因种种限制，文章中还是多了一些个人的述评和抒情。这些不成熟的尾巴，令我对写作的遗憾，始终心存感慨。

感谢289南方大院，感谢朋友兼领导惊涛、刘敏的宽容和理解，让我在人生中年较为自由地挥洒着自己的热爱。

这个大院，盛产担当与尊重。从老社长范以锦身上完全可以看出端倪。这个一退休就被聘为暨南大学新闻与传播学院院长的长者，如今出入289大院，仍被熟悉他的员工喊为“范社”——正是他在社长之位时，南方报业发展迅猛。范以锦以和蔼可亲与敢于担当的形象，赢得员工的尊重，即使那些脾气与才华一样卓越的员工，提及范以锦，同样钦佩。

“南方报业品牌的形成不是我的个人功劳，这个品牌是经历届班子带领员工长期积累发展起来的，到了我这个年代，有个好机遇，我进行了理论的概括，在中国报业领域第一次使用品牌的观念。”范以锦接受我采访时，认真地总结，他认为“责任、担当、创新”这些品质构成了“南方基因”。“有了基因，并不意味着就能成功，还要一代一代接棒传承下来，往前推进。基因的传承，还是需要勇气和智慧的。”

“我不是有本事的人。但作为社长，我有责任把最有本事的人用到最关键的岗位上。”在讲领导者的艺术时，范以锦喜欢把自己定位为“一块磁铁”，在他周围，形成人才聚集的磁场。一个脑袋是解决不了问题的，必须把众多脑袋用起来，发挥大家的智慧，智慧的发挥要靠人的凝聚力，“凝聚力就是要他心情舒畅愿意去做这个事”。

“心情舒畅”，道出高品质内容的产出逻辑——一切都是自我驱动。

非常荣幸，因工作关系，认识了范社，他引我为朋友，痛快地答应为我的这部作品写序，而且很认真地研读，很认真地问及我的成长与写作过程。他的过誉，我视为一种期待，而他的品性，值得我一生学习。

与这些有意思的名流对话，是生命的一种碰撞，你可以看到谦卑的可贵，可以想象狂妄的可笑；可以咀嚼孤独的丰美，可以叹息名利的虚妄。

这一段奇妙之旅，虽然暂时结束，但美妙的感觉，始终如影随形。

撰稿人

李军奇，媒体人。生于商州，求学于长安，入行于长沙，跋涉于广州。多年来辗转于电视、报纸、网站和杂志之间。服务过多家著名媒体，曾获南方报业“2012年度记者”称号。主要著作有财经专著《喧哗年代：中国社会精英图谱》，人文旅游图书《带一本书去西安》，随笔集《懂，是对这个世界的温情告白》。

联系方式：

邮箱：sparkle123@sina.com

微信号：lijunqisun

图书在版编目(CIP)数据

鄙视逃跑/李军奇著. —成都:西南财经大学出版社,2016.11
(常读·人物志)
ISBN 978-7-5504-2601-6

Ⅰ.①鄙… Ⅱ.①李… Ⅲ.①文艺工作者—生平事迹—中国—现代 Ⅳ.①K825.7

中国版本图书馆 CIP 数据核字(2016)第 200743 号

鄙视逃跑
BISHI TAOPAO
李军奇 著

图书策划:亨通堂文化 美霖资本
责任编辑:张明星
责任校对:陈何真璐
特约编辑:孙明新
封面设计:墨创文化
责任印制:封俊川

出版发行	西南财经大学出版社(四川省成都市光华村街 55 号)
网 址	http://www.bookcj.com
电子邮件	bookcj@foxmail.com
邮政编码	610074
电 话	028-87353785 87352368
印 刷	郫县犀浦印刷厂
成品尺寸	140mm×200mm
印 张	8
字 数	180 千字
版 次	2016 年 11 月第 1 版
印 次	2016 年 11 月第 1 次印刷
书 号	ISBN 978-7-5504-2601-6
定 价	32.00 元